Werner Stingl

Praktische Psychologie

MidenA

Werner Stingl

Praktische Psychologie

Selbsthilfe in brenzligen Situationen

Konflikte erkennen, analysieren und bewältigen

MIDENA

Inhalt

Eine glückliche und befriedigende Beziehung ist für viele Menschen eine wichtige Grundlage für ihr psychisches Gleichgewicht.

Wer zu Depressionen neigt, kommt mit den dunkleren Jahreszeiten Herbst und Winter meist schlechter zurecht als andere Menschen.

Vorwort

Viele Menschen versuchen, ihre psychischen Probleme nur mit sich selbst auszuhandeln, sie zu verbergen oder zu bagatellisieren. Dabei erscheint schon nach einem ehrlichen Gespräch mit dem Partner oder einem Freund so manches Problem klarer und lösbarer. Wenn nicht, können fast immer Selbsthilfegruppen, Ärzte, Psychotherapeuten oder Psychologen weiterhelfen. Die wichtigsten Adressen finden Sie auf Seite 140.

Unsere hektische und leistungsorientierte Welt ist ein Boden, auf dem psychische Befindlichkeitsstörungen bis hin zu ernsten seelischen Erkrankungen besonders gut gedeihen.

Nahezu jeder kennt gelegentliche Ein- und Durchschlafschwierigkeiten als Folge einer aufgewühlten Psyche, und etwa zehn Prozent aller Erwachsenen plagen sich mit chronischen Schlafstörungen. Häufige Ursache dafür ist berufliche Überlastung.

Stress und Frust am Arbeitsplatz bedeuten für viele Arbeitnehmer eher die Regel als die Ausnahme: Geplatzte Karriereträume, zermürbendes Mobbing und eine wachsende Angst vor Arbeitslosigkeit sind unerfreuliche Auswüchse unserer Berufswelt, mit denen sich heute immer mehr Menschen auseinander setzen müssen.

Für viele dient dann der Rückzug in eine glückliche Familie als Ausgleich – doch nicht für alle. Zahlreiche Singles wider Willen fühlen sich einsam, und unter den Paaren sind nicht wenige, deren Liebesbeziehung den Namen nicht mehr verdient. Schon jede dritte Ehe wird heute geschieden, und der endgültigen Trennung gehen oft langjährige schmerzhafte Auseinandersetzungen voraus.

Flucht in die Krise

Eine immer größer werdende Zahl von Menschen flieht in die Sucht. Dabei sind – entgegen der landläufigen Meinung – ungleich mehr Menschen abhängig von Nikotin, Alkohol oder missbräuchlich eingenommenen Medikamenten als von illegalen Drogen.

Während durchaus begründete Ängste etwa vor den Spätfolgen des Rauchens von den meisten Betroffenen offensichtlich leicht verdrängt werden können, gewinnen andererseits überraschend oft unbegründete Ängste Macht über Menschen. Der Übergang von noch normalen Ängsten zu krankhaften Angststörungen ist fließend.

Ähnlich häufig wie Angsterkrankungen, und nicht selten damit einhergehend, treten Depressionen auf. Obwohl der Leidensdruck enorm ist, wenden sich die meisten viel zu spät an den richtigen Arzt oder Psychologen und verzichten damit auf gute Behandlungschancen.

Das vorliegende Buch erläutert diese weit verbreiteten Negativerfahrungen menschlichen Daseins, untersucht, woher sie kommen und wie sie vermeidbar wären. Vor allem aber gibt es den Betroffenen Impulse und Anregungen, wie sie mit ihrer Situation besser zurechtkommen oder ihr Problem anpacken können. Diese Anregungen können angesichts der im Einzelfall sehr unterschiedlichen Ausformung der Probleme keine verbindlichen Lösungswege darstellen, sondern Anstöße, die vielleicht neue Denkrichtungen aufzeigen.

Das letzte Kapitel stellt verblüffend einfache, dabei aber außerordentlich wirksame »Allheilmittel« für die Seele vor: Jogging und Entspannungsübungen. Wer sich wieder auf seinen Körper besinnt, tut seiner Seele Gutes. Probieren Sie es aus und lassen Sie sich überraschen!

Probleme am Arbeitsplatz – seien es Überlastung oder Frust – belasten das Allgemeinbefinden erheblich. Doch in vielen Fällen kann man diese Schwierigkeiten aktiv angehen.

Schlafstörungen – Alarmsignal der Psyche

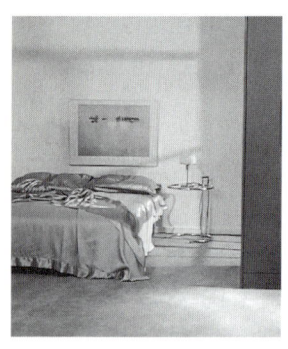

Die richtige Matratze und Bettwäsche helfen bei Schlafstörungen.

Schlafstörungen sind extrem häufig. Etwa zehn Prozent aller Deutschen leiden an schweren chronischen, also ständigen, Schlafstörungen. Über gelegentliche lästige Beeinträchtigungen des Nachtschlafs klagt sogar nahezu jeder zweite Erwachsene. Wiederholt auftretende Ein- und Durchschlafschwierigkeiten sind oft ein erstes Zeichen, dass unsere Psyche schädlichen Belastungen ausgesetzt ist und wir in unserem Leben etwas ändern sollten. Umgekehrt können Schlafstörungen zu einem schweren Problem für unsere Gesundheit werden.

Es gibt anlagebedingt Kurz- und Langschläfer. Während die einen schon nach fünf Stunden wieder hellwach und fit sind, benötigen die anderen bis zu zehn Stunden, um sich ausgeruht zu fühlen. Die »normale« Schlafdauer liegt bei acht Stunden.

Wie viel Schlaf braucht der Mensch?

Das Schlafbedürfnis ist von Mensch zu Mensch äußerst unterschiedlich. Während sich der eine erst nach zehn Stunden ausgeruht fühlt, ist der andere schon nach fünf Stunden hellwach. So mancher glaubt, mehr Schlaf zu brauchen, als es tatsächlich der Fall ist. Er liegt nächtens immer wieder bis zu mehrere Stunden lang wach im Bett und wird gepeinigt von einer Schlaflosigkeit, die bei genauem Hinsehen gar keine ist.

Entwarnung für den Schlafhypochonder

Für wirkliche Schlafstörungen gibt es ein eindeutiges Indiz: Spätestens nach zwei nacheinander schlecht geschlafenen Nächten ist man am Folgetag übermüdet, in seiner Arbeitsleistung beeinträchtigt, manchmal auch gereizt oder sogar depressiv. Besonders am Morgen fühlt man sich oft wie gerädert. Wer dagegen sogar nach mehreren Nächten, in denen er angeblich kaum ein Auge zugemacht hat, überraschend ausgeruht und fit den Tag beginnt und ihn auch durchsteht, ist von einer echten Schlafstörung wahrscheinlich weit entfernt.

Falsche Schlafwahrnehmung

Im Schlaf verliert sich unser Zeitgefühl. Die erholsamen Stunden zwischen Einschlafen und Aufwachen werden nicht bewusst wahrgenommen. Jede Minute, die wir wach im Bett liegen, empfinden wir dagegen mangels Ablenkung oft als wesentlich länger als dieselbe Zeitspanne während des Tages. Diese trügerische Wahrnehmung veranlasst manche Menschen zu glauben, dass sie die halbe Nacht offenen Auges dalagen, obwohl sie in Wirklichkeit nur für jeweils ein paar Minuten aus tiefem Schlaf aufgewacht sind.

Zu viel Schlaf

Wer nur sechs Stunden Schlaf braucht, aber dennoch versucht, eine durchschnittliche Schlafdauer von acht Stunden zu erzwingen, sollte sich nicht wundern, wenn er schlecht einschläft oder – vermeintlich – zu früh aufwacht. Auch wer tagsüber regelmäßig ein Nickerchen hält, füllt sein Schlafkonto über Gebühr auf – verständlich, wenn er dann am Abend nicht so schnell einschlafen kann, wie er es gerne hätte.

Wer glaubt, nachts nicht ausreichend Schlaf zu finden, sollte prüfen, ob er wirklich so viel Schlaf benötigt, wie er sich zubilligt. Außerdem muss er bedenken, dass ein regelmäßiges Mittagschläfchen in die Schlafbilanz eingeht.

TIPP FÜR MENSCHEN MIT FALSCHER SCHLAFWAHRNEHMUNG

Zählen Sie während der Wachphasen entspannt Ihre Atemzüge. Sie werden nur selten bis 100 kommen (sofern Sie nicht versuchen, das Gegenteil zu beweisen und sich damit zwanghaft wach halten).

TIPPS FÜR MENSCHEN, DIE SICH ZU VIEL SCHLAF ZUMUTEN

✳ Fühlen Sie sich erfahrungsgemäß schon nach sechs Stunden Schlaf ausgeruht, sollten Sie sich nicht acht Stunden oder gar noch länger ins Bett zwingen.

✳ Legen Sie sich erst hin, wenn Sie wirklich müde sind und nützen Sie frühzeitiges Erwachen für einen erholsamen Morgenspaziergang oder eine andere sinnvolle Aktivität.

✳ Verzichten Sie gegebenenfalls auf den gewohnten Mittagsschlaf! Damit erreichen Sie die richtige Bettschwere für den Abend.

Situationsabhängige Schlafstörungen

Viele Schlafstörungen sind von äußeren Einflüssen abhängig. Oft wirken dabei physische Ursachen (Geräusche, klimatische Beeinträchtigungen, zu harte oder zu weiche Betten) und psychische Faktoren (Stress, familiäre Konflikte, Ängste) zusammen. Werden diese Störfaktoren abgestellt, findet der Betroffene meist wieder zur nächtlichen Ruhe.

Bei den Menschen, die nur hin und wieder oder etappenweise schlecht ein- oder durchschlafen, gibt es hierfür meist konkrete Anlässe. Dazu zählen beispielsweise vorübergehende berufliche, schulische oder familiäre Belastungen, Sorgen und jede sonstige Art von psychischem Stress. Ebenso können Umweltreize wie Lärm oder klimatische Einflüsse (zum Beispiel schwüle Sommernächte) den wohlverdienten Schlaf rauben. Häufig wirken auch mehrere unterschiedliche Störfaktoren zusammen. So mancher, der normalerweise bei offenem Fenster neben einer Hauptverkehrsstraße seelenruhig schlummert, wird in Stressperioden vom Gesumm einer Fliege an der Wand geweckt oder am Einschlafen gehindert.

In erster Linie sollte man natürlich immer versuchen, diese Störfaktoren zu beseitigen oder zu mildern. Dies ist allerdings oft nicht oder nur in begrenztem Umfang möglich. Denn wenn etwa eine schlafraubende Prüfung ansteht, gibt es an dieser Tatsache wenig zu rütteln. Oft bessert sich aber erschwertes Ein- und Durchschlafen auch dann schon deutlich, wenn die allgemeinen Schlafbedingungen optimiert werden.

SO KÖNNEN SIE IHRE SCHLAFBEDINGUNGEN VERBESSERN

✳ Das Schlafzimmer sollte immer gut durchlüftet werden und darf keinesfalls überheizt sein.

✳ Sorgen Sie für Ruhe im Schlafzimmer. Bei ständigen Lärmreizen von draußen sind Lärmschutzfenster angebracht. Zeitlich befristete Störgeräusche lassen sich durch Ohrstöpsel (aus der Apotheke) erstaunlich gut ausblenden.

✳ Bettwäsche und Matratze müssen optimalen Schlafkomfort gewährleisten. Wer an diesem Zubehör spart, spart am falschen Platz.

✳ Keine Uhr in Sichtweite des Betts! Andernfalls sind Sie versucht, ständig nach der Zeit zu schauen. Das Einschlafen wird damit zusätzlich erschwert.

✳ Sport am späten Nachmittag oder am frühen Abend bewirkt eine zeitlich verzögerte Entspannung und fördert die Einschlafbereitschaft.

✳ Unmittelbar vor dem Zubettgehen sollten jedoch größere sportliche Anstrengungen vermieden werden. Zu vorgerückter Stunde ist ein beschaulicher Spaziergang die bessere Alternative.

✳ Die Abendmahlzeit sollte keinesfalls zu üppig ausfallen, leicht verdaulich und spätestens eine, besser noch zwei Stunden vor dem Schlafengehen beendet sein.

✳ Stimulierende Getränke wie vor allem Kaffee oder Cola sind am Abend tabu.

✳ Nehmen Sie keine »Kopfarbeit« mit ins Bett. Reservieren Sie zwischen anstrengenden geistigen Tätigkeiten und dem Hinlegen mindestens eine Stunde für Entspannendes: Lesen Sie einen Roman, gehen Sie spazieren, vielleicht machen Sie sogar gezielte Entspannungsübungen (siehe auch Kapitel »Körperarbeit für die Seele«, Seite 108 ff.).

Alkohol ist eine gefährliche Einschlafhilfe. Während er in geringen Mengen entspannend wirkt und die Schlafbereitschaft fördert, schläft man nach einem Rausch zwar meist rasch ein, erwacht aber meist schon nach wenigen Stunden und schläft dann nicht wieder ein. Am anderen Morgen ist man alles andere als erholt, wozu auch der bekannte »Kater« seinen Beitrag leistet.

Wer auch im Bett glaubt, er müsse ständig erreichbar sein, darf sich nicht wundern, wenn er irgend- wann mit Schlaf- störungen zu kämpfen hat. Da- her unsere Emp- fehlung: kein Telefon im Schlaf- zimmer.

Gezielte Einschlafhilfen

Versuchen Sie nie, den Schlaf zu er- zwingen – dann können Sie mit Si- cherheit nicht ein- schlafen. Besser ist es, die eine oder an- dere der bewahrten Einschlafhilfen zu probieren, die auf der gegenüber- liegenden Seite vor- gestellt werden.

Optimale Schlafbedingungen sind eine gute Basis für einen er- holsamen Schlaf. Darüber hinaus gibt es jedoch zahlreiche Tricks, Menschen mit Einschlafschwierigkeiten rascher ins Reich der Träume zu verhelfen. Wie gut die einzelnen Strate- gien wirken, ist von Person zu Person unterschiedlich. Probie- ren Sie deshalb aus, welcher der nachfolgenden Tipps Ihnen am besten hilft. Sie können durchaus zwei oder drei Maßnah- men sinnvoll kombinieren. Aber galoppieren Sie keinesfalls an einem einzigen Abend ungeduldig von einer Methode zur nächsten. Und versuchen Sie nie, sich »gewaltsam« in den Schlaf zu zwingen. Denn dann bleiben Sie mit Sicherheit wach. Lassen Sie sich vielmehr gelassen von der Wirkung der nach- folgenden Vorschläge überraschen.

BEWÄHRTE EINSCHLAFHILFEN

✳ Banal und trotzdem effektiv: Zählen Sie Schäfchen oder einfach Ihre Atemzüge. Langsames Zählen lenkt davon ab, belastende Probleme zu wälzen und wirkt somit entspannend.

✳ Schauen Sie mit offenen Augen in die Dunkelheit. Versuchen Sie, möglichst selten zu zwinkern. Oft schon nach kurzer Zeit werden die Lider schwer, fallen von alleine zu, und Sie schlafen ein.

✳ Atmen Sie ungefähr sechs Sekunden lang langsam und gleichmäßig tief ein, halten Sie weitere sechs Sekunden die Luft an, und atmen Sie sechs Sekunden lang gleichmäßig wieder aus. Verharren Sie etwa sechs Sekunden ausgeatmet, danach beginnen Sie von vorn und wiederholen das Ganze so oft, bis Sie zu müde dazu sind (was meistens schon nach wenigen Durchgängen der Fall ist). Wer das Gefühl hat, dass sein Atemvolumen von den je sechssekündigen Intervallen überfordert ist, kann auf jeweils vier oder fünf Sekunden reduzieren.

✳ Ballen Sie die Hand zur Faust und spannen Sie sechs Sekunden lang die Finger-, Hand- und Unterarmmuskeln so fest wie möglich an. Danach lassen Sie vollständig locker und genießen das sich in Fingern, Händen und Unterarm ausbreitende Entspannungsgefühl. Wenn diese Empfindung vollständig nachgelassen hat und Sie währenddessen noch nicht eingeschlafen sind, wiederholen Sie die Übung (bis zu zehnmal).

✳ Duschen Sie Ihre Unterschenkel kalt ab. Trocknen Sie das Wasser nicht ab, sondern streifen Sie es nur mit der Hand ab. Danach legen Sie sich sofort ins Bett und lassen sich von der bleiernen Müdigkeit, die diese Maßnahme bewirken kann, in den Schlaf leiten.

Pfarrer Kneipp empfahl seinen Patienten, unmittelbar vor dem Zubettgehen den ganzen Körper kalt zu duschen, danach das Wasser lediglich abzustreifen bzw. abzutupfen und dann sofort – noch halb nass – ins Bett zu steigen. Der Erfolg stellte sich fast immer ein.

Chronische Schlafstörungen

Dauern nahezu allnächtliche Ein- oder Durchschlafstörungen länger als drei Wochen an und haben sie spürbar negative Auswirkungen auf die Tagesaktivität (sind Sie also übermüdet, reizbar oder depressiv), ist von einer chronischen Schlafstörung auszugehen. In einem solchen Fall sollten Sie grundsätzlich zum Arzt gehen. Denn manchmal steckt dahinter eine ernstere körperliche Erkrankung, die es aufzudecken und zu behandeln gilt. Ebenso kommen schwerere und anhaltende psychische Belastungssituationen und Störungen, wie sie teilweise in den nächsten Kapiteln angesprochen werden, als Ursachen in Frage. Hin und wieder aber findet sich, besonders bei älteren Menschen, kein eindeutiger Grund für eine chronische Schlafstörung. Hingenommen werden sollte sie jedoch in keinem Fall. Denn ein ständiges Schlafdefizit macht seinerseits Körper und Seele krank.

Chronische Schlafstörungen können sich aus situationsabhängigen – also eigentlich vorübergehenden – entwickeln, wenn die Angst, nicht wieder einschlafen zu können, übermächtig wird. Dann wird das Einschlafenwollen zum Stress, der die letzte Ruhe rauben kann.

Die verselbständigte Angst, nicht einschlafen zu können

Häufig entwickeln sich chronische aus situationsabhängigen Schlafstörungen. Wird beispielsweise jemand seit mehreren Nächten aufgrund vorübergehender psychischer Probleme oder wegen zeitweiser Lärmbelästigungen am Einschlafen gehindert, stellt sich oft als zusätzlicher Stressfaktor eine Angst vor dem Nicht-Einschlafen-Können ein. Genau diese Angst kann die Schlafstörung selbst dann aufrechterhalten, wenn der ursprüngliche Störfaktor inzwischen wieder verschwunden ist. Die Schlafstörung und die Angst davor schaukeln sich wechselseitig hoch: Je schwerer und andauernder das Schlafdefizit, desto größer die Angst, in der nächsten Nacht wieder nicht schlafen zu können. Je größer diese Angst wird, desto stärker werden der Einschlafstress und die Wahrscheinlichkeit, dass man tatsächlich wieder lange wach liegt. Hinzu kommt, dass infolge des ständig steigenden Schlafmangels die Leistungsfähigkeit rapide abnimmt. Möglicherweise entstehen daraus zusätzliche Sorgen, die das Schlafproblem weiter verschärfen.

Den Teufelskreis durchbrechen

Vielfach gelingt es schon, den fatalen Teufelkreis mit Hilfe der oben geschilderten Einschlaftricks zu durchbrechen. Wenn nicht, bietet die verhaltenstherapeutische Strategie der Stimulus-Kontrolle einen Erfolg versprechenden Ausweg:

Der von chronischen Schlafstörungen Betroffene sollte erst zu Bett gehen, wenn er müde ist oder meint, einschlafen zu können. Ist er nach einer Viertelstunde noch nicht entschlummert, muss er aufstehen und das Schlafzimmer verlassen. Er soll nun solange eine ihm angenehme und leichte Tätigkeit (z. B. lesen, stricken, Fotos ordnen usw.) verrichten, bis sich eine gewisse Müdigkeit einstellt. Falls er dann nach der Rückkehr ins Bett innerhalb von 15 Minuten wieder nicht einschlafen kann, wiederholt sich die Prozedur so lange, bis der Betroffene schließlich rechtzeitig vom Schlaf übermannt wird.

Wer unter Schlafstörungen leidet, sollte erst dann zu Bett gehen, wenn er sich wirklich müde fühlt und glaubt, einschlafen zu können. Wenn er nach einer Viertelstunde noch wach liegt, sollte er das Bett wieder verlassen und sich einer ablenkenden Beschäftigung widmen. Diesen Vorgang wiederholt man, bis man rasch einschläft.

Bei Einschlafstörungen ist es sinnvoll, nach einer gewissen Zeit aufzustehen und leichte Tätigkeiten zu verrichten, um den Kopf vom Thema »Einschlafen« abzulenken.

Zweck dieses Vorgehens ist, das Bett wieder positiv mit Schlafen zu verbinden. Denn bei vielen Betroffenen wird im Verlauf einer längeren Schlafstörung das Bett negativ mit diesem Problem assoziiert. Es ist nicht mehr der Ort des Schlafens, sondern des Nicht-Einschlafen-Könnens. Das Bett wird damit unbewusst eher zu einem weckenden als zu einem ermüdenden, entspannenden Signal (Stimulus). Diese Fehlentwicklung gilt es rückgängig zu machen.

Viele Erkrankungen können eine chronische Schlafstörung nach sich ziehen. Besonders häufig ist ursächlich an Depressionen, Rheuma, Nervenleiden, Bluthochdruck oder auch Blasen- und Prostataleiden zu denken.

Die eben dargestellte Strategie lässt sich leichter durchführen und ist rascher von Erfolg gekrönt, wenn der Druck, am nächsten Tag leistungsfähig sein zu müssen, wegfällt. Betroffene sollten sich daher gegebenenfalls nicht scheuen, sich für ein paar Tage, in denen sie mit der Bewältigungsstrategie beginnen wollen, krank schreiben zu lassen. Dies ist völlig legitim, denn chronische Schlafstörungen und dadurch bedingte Erschöpfungszustände sind keine Bagatelle, sondern eine behandlungsbedürftige Erkrankung.

MACHT OFT SCHLAFLOS: NÄCHTLICHER HARNDRANG

Manchmal haben chronische Schlafstörungen auch eine ganz banale Ursache: Man wacht jede Nacht ein- oder gar mehrmals auf, weil man zur Toilette muss. Dagegen hilft oft schon, wenn man ein bis zwei Stunden vor Beginn der Nachtruhe nichts oder nur mehr wenig trinkt. Außerdem sollte man grundsätzlich vor dem Zubettgehen noch einmal Wasser lassen. Falls diese einfache Maßnahme nichts hilft, sollte man einen ständig weckenden nächtlichen Harndrang unbedingt mit dem Arzt besprechen. Denn manchmal ist die sich nachts zu häufig meldende Blase ein erster Hinweis auf eine ernsthafte chronische Erkrankung.

Ständig müde ohne bewusste Schlafstörung?

Es gibt Menschen, die schnell einschlafen, vermeintlich gut durchschlafen und tagsüber dennoch ständig müde sind. Manchmal so sehr, dass sie sogar während der Arbeit oder während einer Autofahrt Gefahr laufen, vom Schlaf übermannt zu werden. Hier zeigt sich, dass für die Erholsamkeit des Schlafs nicht nur seine Menge, sondern auch seine Qualität entscheidend ist.

Der gesunde Schlaf durchläuft mehrmals pro Nacht vier Schlafstadien. Während unser Bewusstsein bereits im ersten Stadium ausgeschaltet ist, sind für die Erholung besonders das dritte und vierte Tiefschlafstadium unverzichtbar. Jede Beeinträchtigung, die die normale rhythmische Abfolge der einzelnen Schlafstadien stört oder die gar verhindert, dass die Tiefschlafstadien drei und vier erreicht werden, schränkt die Erholungsfunktion des Schlafs massiv ein. Die häufigste derartige chronische Schlafstörung ist die so genannte Schlafapnoe.

Groß angelegte Untersuchungen aus den USA warnen: Für viele Verkehrsunfälle unklarer Ursache ist eine Übermüdung am Steuer infolge einer länger bestehenden Schlafstörung verantwortlich.

Schnarcher aufgepasst

Mit Schlafapnoe wird eine Störung bezeichnet, bei der es während des Schlafs und insbesondere während des Tiefschlafs zu Atemstillständen kommt, die unter Umständen mehrere Sekunden andauern. Erst wenn der dadurch bedingte Sauerstoffmangel den Betroffenen nahe an die Aufwachschwelle drängt, beginnt er wieder zu atmen. Der Tiefschlaf und damit die Erholung bleiben dabei auf der Strecke. Neben Tagesmüdigkeit, Konzentrationsstörungen und eingeschränkter körperlicher wie geistiger Leistungsfähigkeit drohen als Folgen einer lange Zeit unbehandelten schweren Schlafapnoe auch Bluthochdruck, Herzschwäche, Herzinfarkt und Schlaganfall.

*Vorsicht vor Schlaf-
tabletten: Man
gewöhnt sich sehr
schnell an ihren
Gebrauch, wird unter
Umständen abhängig
von den Medika-
menten. Außerdem
ist der chemisch ein-
geleitete Schlaf viel
weniger erholsam als
natürlicher Schlaf.
In jedem Fall: Vor
Anwendung mit dem
Arzt beraten.*

**Vorsicht Falle! Der
Griff zu Schlafta-
bletten ist zwar
für Betroffene oft
verführerisch,
leitet aber häufig
einen fatalen Teu-
felskreis ein. Denn
bald geht ohne die
bunten Pillen gar
nichts mehr. Des-
halb ist es besser,
die Schlafstörun-
gen mit natürli-
chen Mitteln zu
bekämpfen, etwa
mit Entspannungs-
übungen.**

Grund für die Schlafapnoe ist zumeist ein verdickter weicher Gaumen, der sich während des Schlafs zu sehr entspannt und damit den Rachen verschließt und die Atmung blockiert. Überdurchschnittlich oft betroffen sind übergewichtige Männer jenseits des vierzigsten Lebensjahres. Warnsignal, auf welches der Lebenspartner achten sollte, ist ein heftiges Schnarchen, welches immer wieder durch Atempausen von zehn Sekunden und mehr unterbrochen ist. Am Ende der Atempausen schnappen die Betroffenen oft unüberhörbar und besonders laut schnarchend nach Luft. Jeder, der sich – laut Aussage seines Partners – hier wieder zu finden glaubt, sollte diesen Verdacht beim Arzt abklären lassen.

Um eine Schlafapnoe zu heilen, genügt oft schon eine konsequente Gewichtsabnahme. Auf übermäßigen Alkoholgenuss sollte ebenso verzichtet werden wie auf Schlaftabletten, da beides die Atemstörung verschlimmern kann.

Das Wichtigste auf einen Blick

1. Jeder zweite Erwachsene leidet zumindest gelegentlich an Ein- und Durchschlafstörungen.

2. Wie viel Schlaf jemand braucht, ist von Mensch zu Mensch sehr unterschiedlich. Acht Stunden sind nur ein durchschnittlicher Richtwert und kein verbindliches Muss.

3. Nicht jeder, der glaubt, schlecht zu schlafen, hat wirklich eine Schlafstörung.

4. Zuverlässiges Indiz für eine echte Schlafstörung: Man fühlt sich am nächsten Tag müde und unausgeruht.

5. Gelegentliche Schlafstörungen haben meist einen konkreten, vorübergehenden Anlass. Sie sind zwar lästig, aber zumeist harmlos.

6. Es gibt viele Möglichkeiten – darunter ganz simple Tricks –, das Einschlafen zu erleichtern und das Durchschlafen zu verbessern.

7. Drei Wochen und länger andauernde chronische Schlafstörungen sind manchmal ein erster Hinweis auf eine behandlungspflichtige körperliche Erkrankung oder eine ernst zu nehmende psychische Belastung.

8. Chronische Schlafstörungen sollten deshalb grundsätzlich zum Arztbesuch veranlassen. Dort muss nicht zuletzt auch besprochen werden, inwieweit eventuell vorhandene übermäßige Stressfaktoren reduziert werden können.

9. Häufig ist es auch nur die Angst vor dem Nicht-Einschlafen-Können, die eine chronische Schlafstörung im Sinne eines sich verselbständigenden Teufelskreises aufrechterhält.

10. Schnarcher, die während des Schlafs immer wieder die Luft anhalten, sollten dies ihrem Arzt mitteilen. Es besteht Anlass zu der Annahme, dass eine gefährliche Schlafapnoe vorliegt.

11. Schlaftabletten sind, wenn überhaupt, nur kurzfristig und in Absprache mit einem Arzt vertretbar. Besser ist es, sie prinzipiell zu meiden.

Schnarchen ohne Atempausen ist für den Schnarcher harmlos, kann aber dennoch die Nachtruhe der Partnerin massiv stören. Lösung: Getrennte Schlafzimmer, Ohrstöpsel für die Lärmgeschädigte oder einen Tennisball in den Schlafanzug des Schnarchers nähen. Auf diese Weise wird er daran gehindert, auf dem Rücken zu liegen. Denn viele Menschen schnarchen nur in dieser Position.

Stress und Frust am Arbeitsplatz

Fragt man Menschen nach ihren Vorstellungen von einem idealen Leben, taucht fast immer auch der Wunsch nach dem Traumberuf auf. Er sollte Spaß machen und ein hohes Maß an Selbstverwirklichung ermöglichen. In der Realität wird der Beruf jedoch allzu oft zur Quelle von Stress und Frust. Der Workaholic vergisst zu leben und verausgabt sich im Karrierefieber. Mobbing macht so manchen Arbeitsplatz zur Hölle, und immer mehr Menschen sind von Arbeitslosigkeit bedroht.

Spaß an der Arbeit – wer wünscht sich das nicht?

Manche Menschen steigen so lange auf, bis sie an der eigenen Leistungsgrenze angekommen sind. Folge: Während sie eine Karrierestufe niedriger ihre Arbeit noch gut bewältigen konnten, sind sie jetzt im beruflichen Dauerstress und permanent überfordert.

Karrierefieber

Karriere zu machen ist ein Ideal unserer Leistungsgesellschaft. Jeder, der sich selbst dieses Ziel setzt, sollte sich jedoch hin und wieder in einem ruhigen Moment die Vor- und Nachteile seines Strebens vor Augen halten: Wie lohnend ist für ihn der Kampf nach oben? Erntet er wirklich mehr Lust als Frust?

Stimmt der Preis?

Es sei jedem gegönnt, sich über gelungene Karrieresprünge zu freuen. Dennoch sollte man sich ab und zu fragen, ob nicht der Schritt nach oben in der betrieblichen Hierarchie oder auf dem Gehaltszettel mit unverhältnismäßig mehr Stress und weniger Freizeit erkauft werden musste. Bevor man also dem Karrierefieber verfällt und mehr arbeitet, als einem auf Dauer gut tut, sollte man sich ehrlich einige wichtige Fragen beantworten:

Karriere machen oder nicht?

✳ Schätze ich meine persönlichen Aufstiegschancen realistisch ein? So mancher jagt ein Arbeitsleben lang einem utopischen Ziel hinterher, das er nie erreichen wird. Die spitz zulaufende berufliche Hierarchiepyramide bedingt, dass für die Mehrheit aller Arbeiter und Angestellten gar kein nennenswerter Karrieresprung möglich ist. »Jeder, der sich anstrengt, kann es schaffen«, ist zwar ein häufig zitierter Slogan, den Betriebswirtschaftler gern zur Mitarbeitermotivation einsetzen – allerdings ohne Gewähr.

✳ Wie käme ich damit zurecht, wenn trotz jahrelanger Mehranstrengung ein anderer (womit immer zu rechnen ist) den von mir ersehnten Platz einnimmt? Karriere ist nicht nur eine Frage von Kompetenz und Engagement. Entscheidend sind auch Voraussetzungen wie Schulbildung und Titel, Beziehungen, die Fähigkeit, sich gut zu verkaufen, Durchsetzungsvermögen, Glück und nicht zuletzt unterschiedlich motivierte strategische Überlegungen von Vorgesetzten. Wer zu gut ist, wird unter Umständen nicht befördert, um zu vermeiden, dass eine Konkurrenz heranwächst, die irgendwann die eigene Position gefährden könnte.

✳ Verschafft mir mein überdurchschnittliches berufliches Engagement auch dann eine innere Befriedigung, wenn es mit dem Aufstieg nicht so klappt wie vorgesehen? Menschen, die sich in ihrem Beruf wohl fühlen oder – mehr noch – »mit Leib und Seele« begeistert bei der Sache sind, werden am leichtesten herausragende Leistungen erbringen. Wenn sich daraus eine Karriere, ergibt, haben sie doppelt Glück gehabt. Wenn nicht, sind solche Menschen noch am wenigsten frustriert. Wer dagegen den Job nur als Mittel zum Zweck sieht, möglichst rasch nach oben zu gelangen, spielt mit hohen Einsätzen auf großes Risiko. Klappt es dann nicht wie geplant, drohen Verbitterung und lebenslange Unzufriedenheit.

Wer sich ohne Vorbehalte für eine rasche berufliche Karriere entscheidet, muss wissen, dass er dafür Opfer bringen muss – Familie, Freunde, Freizeitinteressen treten zumindest vorübergehend in den Hintergrund. Manche Beziehungen überstehen diese Belastung nicht.

SPRUNGBRETT ODER SCHLEUDERSITZ

Wer einen höher dotierten Posten oder eine neue Stelle angeboten bekommt, vergisst in einer Mischung aus Euphorie, Stolz und dankbarer Demut so manche wichtige Frage: Warum wurde die mir angebotene Stelle frei? Was ist aus meinem Vorgänger geworden? Wie lange saß er an seinem Platz? Wer hier nachfragt, erhält meist mehr Informationen darüber, was ihn im neuen Job erwartet, als durch die übliche – oft geschönte – Stellenbeschreibung.

Workaholic – eine Leidenschaft, die Leiden schafft

Wer über längere Zeit sein Leistungsvermögen ständig überfordert, hat früher oder später seine Reserven aufgebraucht, wenn er nicht für angemessenen Ausgleich sorgt. Nehmen Sie sich die Zeit für regelmäßige sportliche Betätigung und Entspannung!

Der populär gewordene Begriff Workaholic bezeichnet einen Menschen, der ein zwanghaftes, nahezu süchtiges Verhältnis zu seiner Arbeit hat. Workaholics schuften ständig an der Leistungsgrenze. Auch nach Feierabend und im Urlaub kreisen die Gedanken um den Beruf, und immer wieder wird Arbeit mit nach Hause genommen. Die Motive, warum sich Menschen über- und aufarbeiten, sind teilweise sehr unterschiedlich. Der eine steht unter ständiger Hochspannung, weil er nach oben will, der andere, weil er nur damit seinen Platz zu halten können glaubt und ein dritter, weil er den durch den Stress erzeugten Adrenalinstoß braucht.

Der permanente Spurt an der eigenen Leistungsgrenze geht auf Dauer selten gut. Sind früher oder später die Reserven erschöpft, lässt die Belastbarkeit oft rapide nach. Statt nun die Notbremse zu ziehen, versuchen viele Betroffene, die abnehmende Effizienz durch einen noch größeren Zeiteinsatz zu kompensieren. Als Ende einer solch fatalen Entwicklung droht die totale, anhaltende Erschöpfung, von Medizinern als »Burnout-Syndrom« (engl.: to burn out = ausgebrannt sein) bezeichnet. Im Arbeitskampf Verschlissene erkranken überdurchschnittlich oft an Depressionen, anderen psychischen Störungen oder auch an schweren körperlichen Leiden wie vor allem ernsten Herz-Kreislauf-Beschwerden bis hin zu Herzinfarkt und Gehirnschlag.

Wenn Sie beruflich sehr beansprucht sind, sollten Sie rechtzeitig, also noch bevor Sie psychisch oder physisch erkranken, regelmäßig für gesunden Ausgleich sorgen: Ausdauersport, Entspannungsübungen, Stressbewältigungstraining.

Viele Workaholics verbergen hinter ihrem Arbeitseifer ihre Unfähigkeit, die Freuden des Lebens zu genießen.

Wie ich mir, so ich Dir

Der selbstzerstörerische Arbeitseifer schadet jedoch nicht nur dem Workaholic selbst, sondern auch seiner Umwelt. Familie oder Partner leiden unter dem ständig gestressten, kaum verfügbaren Arbeitstier und bekommen manchmal sogar noch Schuldgefühle eingepflanzt. »Das mache ich alles nur für euch / dich«, ist eine weitverbreitete Lebenslüge, mit der die eigene Unfähigkeit, neben der Arbeit auch das Leben zu genießen, kaschiert wird.

Workaholics in Chefposition neigen dazu, ihr ungesundes Tempo Untergebenen aufzuzwingen. Denn wer sich selbst nicht schont, verlangt oft auch von anderen überdurchschnittlich viel. Bevor unter einem solchen Vorgesetzten Leidende sich krank arbeiten, sollten sie sich nicht scheuen, notfalls den Betriebsrat und / oder Betriebsarzt um mäßigendes Einschreiten zu bitten.

Inzwischen ist es wissenschaftlich abgesichert: Arbeit kann genauso süchtig machen wie beispielsweise Nikotin oder Alkohol. Auch die Auswirkungen auf die eigene Psyche wie auf die Umwelt sind durchaus vergleichbar.

»Erst hart arbeiten, dann gut leben«

Verschiedenen Schätzungen zufolge leiden allein in Deutschland etwa eine Million Menschen unter schwerem Mobbing. Der volkswirtschaftliche Schaden (Krankheitstage, medizinische Behandlungskosten, eingeschränkte Arbeitsleistung, Frühberentung) durch den Kollegenterror wird von Experten auf jährlich 30 Milliarden Mark beziffert.

Wer nach dieser Devise Jahrzehnte seines Lebens der Arbeit opfert, sieht sich oft um den Lohn betrogen. Denn auch das Leben zu genießen will gelernt sein. Wer lange Jahre ausschließlich für den Beruf lebt, kann nur schwer plötzlich umschalten, sich entspannen und sich gelassen den schönen Dingen des Lebens zuwenden. Tragische Beispiele hierfür sind Menschen, die nichts mehr mit sich anfangen können, sobald sie in Rente gehen oder arbeitslos werden.

Vorausschauend zu handeln und eine sichere Altersversorgung aufzubauen ist sicher nicht falsch. Aber wer dabei die Gegenwart der Zukunft opfert, muss später oft erkennen, dass er entscheidende Dinge des Lebens verpasst hat.

Mobbing

Schikane und Psychoterror unter Kollegen beziehungsweise von Vorgesetzten gegenüber Untergebenen gab es wohl schon immer. Nur der Begriff dafür ist neu: Mobbing (engl.: mob = Pöbel, Randalierer). Und neu ist glücklicherweise auch eine höhere gesellschaftliche Sensibilität für diese Unsitte, so dass Mobbingopfer inzwischen auf offene Ohren bei der Werksleitung, beim Betriebsrat, beim Betriebsarzt oder bei Gewerkschaftsvertretern hoffen können.

Alle gegen einen

Mobbing bezeichnet einen andauernden Zustand, in dem eine oder mehrere Personen durch Schikanen, Boshaftigkeiten und Intrigen systematisch psychische Gewalt gegen einen Mitarbeiter ausüben. Die kollegialen Grausamkeiten sind zum Teil sehr subtil und dann oft schwer greifbar. Man tuschelt hinter dem Rücken des Gemobbten, vermeidet, das Wort an ihn zu richten, »schneidet« und isoliert ihn. Wichtige Informationen werden ihm vorenthalten, und jeder Fehler, den er begeht oder

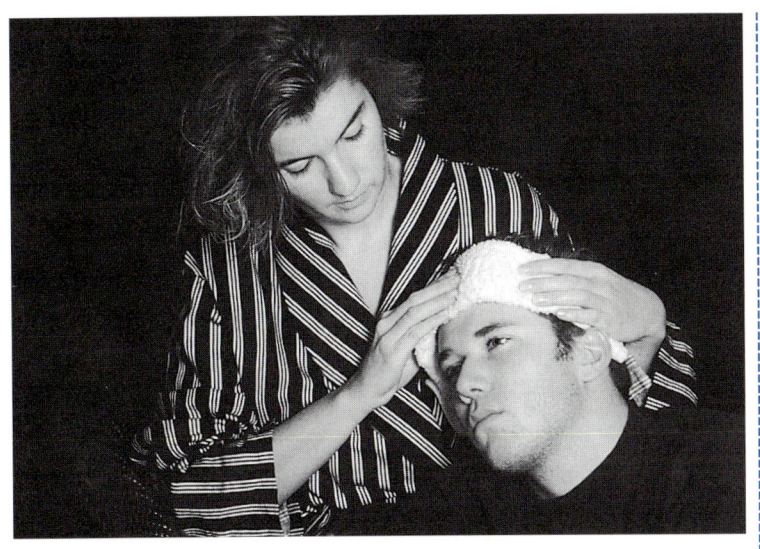

Dass einem die Arbeit hin und wieder Kopfschmerzen bereitet, kennt sicherlich jeder. Kritisch wird es allerdings dann, wenn es die Kollegen oder der Chef sind, die den Kopfschmerz auslösen, indem sie den Betroffenen permanent schikanieren.

den man ihm unterschiebt, wird besonders schwer gewichtet. Man überhört seine Fragen und Vorschläge oder macht sie lächerlich, und immer wieder teilt man ihm unbeliebte oder unterqualifizierte Tätigkeiten zu. Manchmal werden sogar massivere Geschütze aufgefahren wie nächtlicher Telefonterror, die Verbreitung ihm zum Nachteil gereichender Gerüchte und – fast ausschließlich gegenüber Frauen – verbale bis handgreifliche sexuelle Belästigung.

Mobbing kann gezielt eingesetzt werden, um einen unbeliebten Kollegen oder einen beruflichen Konkurrenten zur Kündigung zu drängen. Oftmals aber geschieht Mobbing auch nur um des Quälens willen oder weil ein Sündenbock für den vielfältigen alltäglichen Frust im Betrieb gebraucht wird. Gelegentlich ist der Kollegenterror lediglich Resultat einer eigendynamischen Entwicklung, die so keiner wollte. So mancher spielt das grausame Spiel nur mit aus Angst, sonst vielleicht selbst in die Rolle des Opfers zu geraten. An ähnlich primitive Verhaltensmuster können sich wohl viele aus ihrer frühen Schulzeit erinnern.

Typische Symptome von Mobbingopfern: Kopfschmerzen, Schlafstörungen, Magen- und Herzkreislaufbeschwerden, Niedergeschlagenheit bis hin zu Angststörungen und Depressionen.

Mobbing macht krank

Schon kurze Zeit, nachdem der Terror am Arbeitsplatz begonnen hat, stellen sich bei vielen Opfern erste psychosomatische Folgebeschwerden wie Kopfschmerzen, Schlafstörungen, Magen- und Herzkreislaufprobleme, Niedergeschlagenheit und Antriebslosigkeit ein. Dem Mobbing über Monate bis Jahre ausgesetzt, drohen schwerere seelische Störungen wie Depressionen und krankhafte Angstreaktionen bis hin zu Panikattacken oder Phobien (siehe auch die Kapitel »Ängste«, Seite 70, und »Depressionen«, Seite 90). Gelingt es den Betroffenen nicht, sich dem Mobbing zu entziehen oder beginnendes Mobbing schon im Keim zu ersticken, fallen sie immer häufiger durch Fehlzeiten auf. Einige flüchten in den Alkohol, und so manche zeigen Züge von Verfolgungswahn oder entwickeln sich zu sozial schwer verträglichen Querulanten. Die Mobber fühlen sich dadurch in ihrem diskriminierenden Handeln bestätigt und vergessen, dass erst ihr Terror aus dem Gemobbten gemacht hat, was er jetzt ist (siehe nachfolgenden Kasten). Einer aktuellen schwedischen Studie zufolge ist Mobbing heute einer der Hauptgründe für den Verzweiflungsakt Selbstmord.

Wem ständig bestimmte unangenehme Eigenschaften unterstellt werden, ist in Gefahr, dass er diese Eigenschaften tatsächlich annimmt. Psychologen und Soziologen sprechen hier vom Phänomen der »self-fullfilling prophecy«, der sich selbst erfüllenden Prophezeiung.

WENN AUS VORURTEILEN TATSACHEN WERDEN

Wird Menschen immer wieder ein bestimmtes Verhalten unterstellt, steigt die Wahrscheinlichkeit, dass sie irgendwann wirklich ein solches Verhalten zeigen.
Würdigt man zum Beispiel eine Person permanent herab, weil man ihr permanent Fehler bei der Arbeit unterstellt, führt der Druck, ständig beobachtet zu werden und das Gegenteil beweisen zu müssen, unter Umständen tatsächlich zu einer überdurchschnittlichen Fehlerquote.

Es kann jeden erwischen

Mobbingopfer kann jeder werden. Zwar nehmen Mobber gern eine bestimmte Eigenart, die das Opfer von den anderen unterscheidet, zum ersten Anlass ihrer Attacken. Doch solche Besonderheiten finden sich bei nahezu jedem: sei es, dass er eine andere Art von Humor hat, Vegetarier ist oder nur den freitäglichen Umtrunk nicht mitmachen will. In Einzelfällen mag Mobbing wirklich durch die Persönlichkeit des Opfers provoziert sein. So etwa, wenn ein Neuling mit ständigen Verbesserungsvorschlägen zu viel Unruhe in ein lange bewährtes Betriebsgefüge bringt. In der überwiegenden Mehrheit ist Mobbing jedoch Resultat einer destruktiven, aggressiven Gruppendynamik am Arbeitsplatz. Der Gemobbte ist das Ventil, an dem andere kanalisiert ihre Frustrationen ablassen. So lange er die Rolle des Sündenbocks spielt, lenkt er von vielen sonstigen Problemen oder Konflikten ab, und der Rest der Belegschaft kommt so oft erstaunlich gut miteinander zurecht. Sobald das Opfer jedoch ausscheidet, hinterlässt es eine Lücke, die höchstwahrscheinlich bald ein anderer leidvoll schließen muss. Jeder sollte daher – nicht zuletzt aus ureigenstem Interesse – versuchen, Mobbing-Tendenzen bereits im Ansatz zu ersticken. Denn wer heute noch mitmobbt, ist vielleicht schon morgen selber dran!

Selbst wenn man nicht von den Mobbingattacken betroffen ist, sollte man sich konsequent dagegen zur Wehr setzen. Denn es kann unter Umständen gar nicht lange dauern, bis man selbst zum Opfer wird.

Bereits den Anfängen wehren

Mobbingopfer machen auf eigene Kosten oft zu lange gute Miene zum bösen Spiel. Sie wissen nicht, wie sie sich wehren sollen, oder sie wollen nicht als kleinlich gelten und sind unsicher, ob das, was ihnen widerfährt, objektiv so schlimm ist, wie sie es empfinden. Das Misstrauen in die eigene Wahrnehmung lässt sich meist in klärenden Gesprächen mit Freunden leicht und schnell ausräumen. Spätestens wenn dann also andere den Mobbingverdacht bestätigen, sollte man als Betroffener rasch kompetente Hilfe suchen, die einen bei den nächsten Schritten gegen das Mobbing unterstützt. Mögliche Ansprechpartner sind:

* der Betriebsrat
* der Betriebsarzt oder Betriebspsychologe
* die Gewerkschaft
* unbeteiligte Vorgesetzte
* die in immer mehr Orten aktiv werdenden Mobbingberatungsstellen. Die für Sie am nächsten liegende Beratungsstelle erfahren Sie über Ihre Krankenkasse, das Gewerkschaftsbüro oder die Telefonseelsorge (siehe Seite 140). Bisher einzigartig in Deutschland ist die Mobbingberatung München, ein eingetragener Verein, der unter der Rufnummer 089/ 60 60 00 70 erreichbar ist.

Mit Zivilcourage gegen Mobbing

Zeigen Sie Zivilcourage, auch wenn es der Chef ist, der Mobbing betreibt. Machen Sie deutlich, dass Sie sich mit dem Mobbingopfer solidarisieren. Wenn das möglichst viele tun, ist den Mobbern die Grundlage ihres Handelns entzogen.

Mobbing geht meist von einem oder wenigen Initiatoren aus. Im Lauf der Zeit gesellt sich oft eine wachsende Zahl von Mitläufern hinzu. Jeder Unbeteiligte mit etwas Zivilcourage kann hier dazu beitragen, eine grausame Entwicklung vielleicht noch in den Anfängen zu stoppen.

* Suchen Sie im Betrieb nach Verbündeten, mit denen Sie Partei für das Opfer ergreifen. Gemeinsam geht es leichter als allein.
* Versuchen Sie, Mobbern in einem vertraulichen Gespräch die fatalen Konsequenzen ihres Tuns zu verdeutlichen, sie für die Leiden ihres Opfers zu sensibilisieren.
* Versuchen Sie, zwischen Mobbern und Gemobbtem zu vermitteln.
* Falls derartige Gespräche auf Ablehnung stoßen oder zu nichts führen: Ermuntern Sie das Opfer, sich an die oben genannten Ansprechpartner (Betriebsarzt, Betriebsrat, Mobbingberatungsstellen usw.) zu wenden.

MÖGLICHE FOLGEN VON MOBBING ...

... für den Betroffenen	... für den Betrieb
✳ Stress	✳ Fehlzeiten
✳ Psychosomatische Beschwerden und Erkrankungen	✳ Innere Kündigung
	✳ Tatsächliche Kündigung
✳ Arbeitsplatzverlust	✳ Starke Reibungsverluste
✳ Erwerbsunfähigkeit	✳ Schlechtes Betriebsklima
✳ Verlust sozialer Beziehungen	✳ Geringere Sorgfalt
✳ Suchtmittelabhängigkeit	✳ Finanzielle Verluste durch Produktionsausfälle und erhöhte Personalkosten
✳ Selbstmord	

Quelle: Mobbing-Beratung München

Arbeitslos

Verlieren Menschen ihren Arbeitsplatz, trifft viele das Gefühl, nicht mehr gebraucht zu werden und überflüssig zu sein, härter als der Einkommensverlust. Je länger das erfolglose Streben nach einer Neuanstellung andauert, desto mehr sinkt das Selbstwertgefühl. Arbeitslosigkeit wird von zu vielen Betroffenen (und Nichtbetroffenen) als persönliches Versagen interpretiert und nicht als das, was es heute tatsächlich meistens ist: eine Konsequenz wirtschaftspolitischer Entwicklungen, die der einzelne Arbeitslose am allerwenigsten zu verantworten hat.

Viele Arbeitslose schämen sich ihrer Situation und leiden darunter viel mehr als unter den finanziellen Einbußen.

Falsche Scham- und Schuldgefühle über Bord werfen

»Über vier Millionen Arbeitslose« – das war für die meisten bislang nur eine Zeitungsmeldung, die andere betraf. Und plötzlich gehört man selbst dazu. Eine gewohnte Welt bricht von heute auf morgen zusammen. Zwar verhindert das soziale Netz im Großteil der Fälle noch den totalen materiellen Absturz, dennoch sind finanzielle Einbußen zwangsläufig. So mancher, der noch Haus oder Eigentumswohnung abzubezahlen hat oder einen anderen Schuldenberg abtragen muss, kann in arge Bedrängnis geraten.

Hinzu kommen oft schwere, aber völlig ungerechtfertigte Scham- und Schuldgefühle, mit denen sich viele Arbeitslose bis an die Grenze der Leidensfähigkeit belasten. Nicht wenige versuchen, ihr Schicksal vor Nachbarn und Verwandtschaft zu verbergen und täuschen noch monatelang jeden Morgen den Aufbruch an den Arbeitsplatz vor. Andere fühlen sich schuldig, weil sie ihrer Familie nicht mehr den gewohnten Status bieten können oder gar, weil sie jetzt »dem Staat auf der Tasche liegen«. Dabei haben sie jahrelang selbst Monat für Monat in die Arbeitslosenversicherung einbezahlt – Vorsorge für den Fall, der jetzt bedauerlicherweise eingetreten ist.

Auch wenn Arbeitslosigkeit zweifellos ein schwerer Schiksalsschlag ist, kann man versuchen, auch dieser Situation etwas Positives abzugewinnen: mehr Zeit für die eigene Familie beispielsweise.

Die finanziellen Belastungen, die in Frage gestellte Zukunftsperspektive und der emotionale Aufruhr im Schlepptau der Arbeitslosigkeit sind ein Boden, auf dem die Seele leicht ins Stolpern gerät.

Arbeitslose leiden weit häufiger als die Durchschnittsbevölkerung an chronischen Schlafstörungen, Depressionen, Angststörungen, psychosomatischen Erkrankungen und Partnerschaftsproblemen, und so mancher sucht gefährlichen Trost im Alkohol.

Wen die Folgeprobleme der Arbeitslosigkeit zu erdrücken drohen, darf damit keinesfalls alleine bleiben. Manchmal helfen schon Gespräche mit Freunden oder Leidensgenossen. Oft ist jedoch eine weiter reichende psychologische Unterstützung nötig. Ansprechpartner, die hier entweder selbst aktiv werden oder auch kompetente Adressen vermitteln können, sind beispielsweise der Hausarzt, gemeinnützige Sozialstationen (wie etwa die Caritas), psychosoziale Dienststellen in größeren Arbeitsämtern oder die Krankenkassen. Man sollte sich nicht scheuen, sie zu nutzen.

Das Beste aus der Situation machen

Der Tagesablauf der arbeitenden Bevölkerung wird entscheidend durch die Erfordernisse des Berufslebens bestimmt. Bricht dieses strukturierende Gerüst zusammen, verläuft sich so mancher in Orientierungslosigkeit, wird lethargisch und antriebsarm. Obwohl man eigentlich jeden Tag die Woche mindestens acht Stunden mehr als früher zur Verfügung hat, schafft man es oft nicht, auch nur Kleinigkeiten zu erledigen. Man lässt den Haushalt schleifen, wichtige Formulare liegen unbearbeitet, Bewerbungen zu schreiben wird immer wieder auf den nächsten Tag verschoben, und trotzdem bleibt auch keine Zeit für Muße, Sport und Spiel. Die Tage verstreichen ergebnis- und freudlos.

Zahlreiche gemeinnützige Organisationen oder auch Selbsthilfegruppen bieten in fast allen größeren Städten Arbeitslosensprechstunden, -stammtische oder sonstige Treffpunkte an. Zweck: Erfahrungsaustausch, Informationen, konkrete Hilfe bei Bewerbungen und Arbeitslosengeldanträgen.

Um dem vorzubeugen, sollte man als Betroffener bereits in den ersten Tagen der Arbeitslosigkeit einen der neuen Situation angepassten realistischen Zeitplan entwerfen. Geben Sie sich vor, was sie pro Tag, pro Woche und pro Monat zu erledigen gedenken. Stellen Sie einen Zeitplan auf, den Sie konsequent einhalten. Im folgenden Kasten finden Sie einige Anregungen, die sich vielleicht auf Ihre Situation übertragen lassen.

ZEITPLAN FESTLEGEN

Ein Zeitplan kann helfen, die plötzlich veränderten Lebensbedingungen in geordnete Bahnen zu lenken und Leere zu vermeiden. So kommt man am besten aus dem seelischen Tief heraus und lässt Ängsten oder Depressionen keinen Raum.

✳ Legen Sie fest, wann Sie aufstehen wollen, wobei Sie sich ruhig ein oder zwei Stunden mehr Schlaf als üblich gönnen können. Aber vermeiden Sie, bis weit in den Tag hinein grübelnd im Bett zu liegen.

✳ Reservieren sie regelmäßig mehrere feste Wochenstunden …

… um den aktuellen Papierkrieg mit Behörden und Ämtern zu bewältigen,

… um kontinuierlich die Stellenanzeigen zu studieren und Bewerbungen zu schreiben.

✳ Informieren Sie sich beim Arbeitsamt über Fortbildungs- und Umschulungsmöglichkeiten und über finanzielle Sonderleistungen und Vergünstigungen für Arbeitslose. Falls Sie aufgrund der neuen Situation in Zahlungsschwierigkeiten geraten, wenden Sie sich an Schuldnerberatungsstellen, wie sie zum Beispiel von der Caritas unterhalten werden. Bei so manchem laufenden Kredit lassen sich angesichts einer aktuellen Notlage günstigere Rückzahlungsbedingungen aushandeln.

✳ Planen Sie die Stunden für Einkauf und Haushalt als Arbeitszeit fest in Ihr Tagespensum ein. Nutzen Sie die Gelegenheit, gründlich und preisgünstig auszuwählen bzw. Hausarbeiten zu erledigen, die sonst immer liegen geblieben sind.

Nützen Sie die Freizeit

Gehen Sie mit der plötzlich zur Verfügung stehenden Freizeit sinnvoll um. Nützen Sie sie, um Dinge zu tun, die Sie immer gern getan hätten, für die aber in Ihrem Terminkalender bislang zu wenig Platz war. Vielleicht können Sie einige der nachfolgenden Anregungen nutzen:

✳ Unternehmen Sie mehr mit der Familie. Das tut allen gut – der Familie, die Sie in der Vergangenheit häufiger entbehren musste, und Ihnen, den der Umgang mit den Lieben Halt und Sicherheit gibt.

✳ Verbringen Sie hin und wieder einen Wochentag im Sommer am Badesee und im Winter auf der Loipe oder Piste (sofern Sie bergnah wohnen). Genießen Sie die erholsame Einsamkeit dieser Orte, welche Sie bislang immer nur an überlaufenen Wochenenden besuchen konnten.

✳ Falls das Haus oder die Wohnung kleinere Renovierungsarbeiten vertragen könnten – im Moment hätten Sie genügend Zeit dazu.

✳ Entdecken Sie jetzt, wie gut regelmäßiger Ausdauersport Körper und Seele tut (siehe auch Kapitel »Körperarbeit für die Seele«, Seite 108).

✳ Besuchen Sie einen Kurs (bei Volkshochschulen, im Gesundheitspark oder fragen Sie Ihre Krankenkasse nach Anbietern) für Entspannungstechniken wie progressive Muskelentspannung nach Jacobson, autogenes Training oder Yoga. Sie lernen dabei eine neue Gelassenheit, die Ihnen nicht nur jetzt, sondern vor allem auch beim oft stressbelasteten beruflichen Neuanfang hilft. Sie bleiben in Form, und die Chancen für eine erfolgreiche Bewerbung steigen deutlich an.

Wer seine erzwungene Auszeit sinnvoll nützt, kommt damit ungleich besser zurecht als jemand, der untätig in Unmut, Langeweile und Frustration versinkt.

Lernen Sie es, die freie Zeit auch als Freizeit zu nutzen. Besonders sinnvoll ist es, die fachliche Qualifikation fortzusetzen und möglichst viel für Gesundheit und Fitness zu tun. Langeweile, Frustration und Mutlosigkeit haben dann wenig Chancen.

Arbeitslosigkeit und Partnerschaftskrise

Arbeitslosigkeit zieht häufig schwere Krisen in der Partnerschaft nach sich – dies umso mehr, wenn ein Alleinverdiener plötzlich den Arbeitsplatz verliert. Dabei ist es oft weniger die konkrete finanzielle Sorge, die die Beziehung überfordert, als vielmehr die Tatsache, dass die Partner plötzlich den ganzen Tag zusammen verbringen (ein Problem übrigens, das auch so manchen Rentenbeginn zur familiären Gratwanderung macht).

Nehmen Sie Absagen auf Ihre Bewerbungen nicht persönlich. Es ist nicht selten, dass auf ein Stellenangebot mehr als 100 Bewerbungen eingehen. Es gehört auch eine gehörige Portion Glück dazu, zum Vorstellungsgespräch eingeladen zu werden.

Freiräume, die ehedem allein schon durch die tägliche Abwesenheit selbstverständlich waren, müssen neu abgesteckt werden. Eingespielte Rollenverteilungen – sie erledigt den Haushalt, er verdient das Geld – sind nicht mehr stimmig und müssen deshalb neu definiert und ausgehandelt werden. Erst jetzt zum konfliktträchtigen Brennpunkt kann auch eine schon lange bestehende eheliche Sprachlosigkeit werden: Wenn man sich eigentlich nichts mehr zu sagen hat, fiel das bislang unter Umständen kaum auf. Beim Frühstück las man die Zeitung, und nach Feierabend machte das Fernsehgerät längere Gespräche überflüssig. Ist man dagegen den ganzen Tag zusammen und es fehlen die Worte, wird diese Sprachlosigkeit oft erstmals greifbar und führt oft dazu, dass die Beziehung erstmals infrage gestellt wird.

Immer wieder bewerben

Sofern nicht spezielle Beziehungen eine Firmentür öffnen, klappt die Rückkehr in den Beruf nur über Bewerbungen. Auch wenn Sie nach der zehnten, zwanzigsten Absage resigniert aufgeben möchten – hören Sie nicht auf, sich zu bewerben. Nehmen Sie sich vor, etwa drei Bewerbungen pro Woche zu schreiben; das überfordert Sie weder zeitlich noch finanziell, und Sie haben wenigstens eine kleine Chance. Wer sich nicht mehr bewirbt, hat gar keine.

Das Wichtigste auf einen Blick

1. Beruflicher Dauerstress ist ein häufiges Übel unserer Zeit, unter dem viele Menschen leiden.

2. So mancher opfert falschen oder unrealistischen Karrierezielen seinen Seelenfrieden. Jeder Aufstiegsorientierte sollte immer wieder prüfen, ob sich Aufwand und Ergebnis (nicht nur materiell betrachtet) rechnen.

3. Sind die angebotene Beförderung oder die neue Stelle Sprungbrett oder Schleudersitz? Eine aufschlussreichere Antwort erhält zumeist, wer sich nach dem Schicksal des Vorgängers erkundigt.

4. Vorausschauend planen heißt nicht, die Gegenwart der Zukunft zu opfern. Wer sich heute überarbeitet und gleichzeitig damit tröstet, dass er dann wenigstens morgen besser leben könne, betrügt sich zumeist selbst.

5. Mobbing, der Psychoterror am Arbeitsplatz, macht krank. Mobbingopfer sollten deshalb nie gute Miene zum bösen Spiel machen, sondern schnellstmöglich Hilfe suchen, zum Beispiel beim Betriebsarzt oder Betriebsrat.

6. Systematische Schikanen durch Vorgesetzte und Kollegen können jeden treffen. Schaden nimmt nicht nur der Einzelne, sondern der ganze Betrieb.

7. Geschäftsleitung und Mitarbeiter müssen deshalb Anzeichen für Mobbing so früh wie möglich erkennen und dann konsequent dagegen vorgehen.

8. Arbeitslosigkeit ist in der Regel eine Folge der bestehenden wirtschaftlichen und politischen Verhältnisse und nicht des persönlichen Versagens.

9. Trotzdem werden viele Betroffenen von zerstörerischen Selbstzweifeln gepeinigt und in der Folge von vielfältigen psychischen Problemen heimgesucht.

10. Wer seine erzwungene Auszeit sinnvoll nützt, übersteht sie leichter und kann ihr vielleicht sogar etwas abgewinnen.

Eine zunehmende Zahl von Arbeitsämtern bietet inzwischen auch ein fundiertes Bewerbungstraining an. Man erhält Tipps und Tricks, wie man seine Bewerbungsunterlagen optimal gestaltet und wie man erfolgreich Vorstellungsgespräche führt.

Liebeskummer vorbeugen und bewältigen

Dass aus Liebe Leid werden kann – diese Erfahrung muss jeder irgendwann machen.

Liebeskummer trifft nahezu jeden mindestens einmal und meistens sogar mehrmals im Leben. So manchen sucht der Kummer bereits heim, bevor die Liebe überhaupt begonnen hat. Man ist zu schüchtern, den Traummann oder die Traumfrau anzusprechen, oder er/sie erwidert die Gefühle nicht.

Oft schwerer wiegt der Liebeskummer der Verlassenen. So plötzlich und unerwartet, wie die ungewollt mit dem Ende einer Beziehung Konfrontierten eine Trennung erleben, kommt sie selten. Die Tragödie kündigt sich fast immer, oft über Jahre, an. Doch selbst wenn alles verloren scheint – auf die meisten wartet ein neues Glück. Man muss es nur suchen und zulassen.

Verliebenskummer

Die Zahl der Singles nimmt stetig zu. In Großstädten stellen sie bereits ein Viertel der erwachsenen Bevölkerung. Dieser Trend darf jedoch nicht darüber hinwegtäuschen, dass die meisten Menschen nach wie vor am liebsten in einer Zweierbeziehung leben würden. Singles wollen zwar oft nicht den Haushalt teilen, die Liebe aber durchaus. Zwei Drittel davon pflegen denn auch trotz getrennter Wohnungen eine feste Beziehung. Die Mehrheit jener, die wirklich für längere Zeit ohne Partner durch das Leben gehen, gesteht sich und anderen den Einzelkampf früher oder später als unfreiwillig ein.

Auch in der Liebe gilt: Wer aus einer Niederlage lernt, kann eine neue Beziehung besser gestalten.

Die Liebe ist ungerecht, aber nicht geizig

Trotz intensiver Suche nach Gesetzmäßigkeiten, die erklären, warum sich zwei Menschen ineinander verlieben, können Psychologen, Soziologen und Soziobiologen bislang hauptsächlich Vermutungen äußern. Einige Forschungsergebnisse bestätigen nur Erfahrungen, die seit langem Allgemeingut sind, andere werden durch so viele Ausnahmen relativiert, dass man sie kaum mehr als Regeln zulassen möchte. Die wichtigsten, die als gesichert gelten, sind:

Die Liebe kennt keine festen Regeln. So lässt sich das Zusammenfinden zweier Menschen kaum beeinflussen und schon gar nicht erzwingen. Das sollten auch die Menschen einsehen, die sich immer wieder vergeblich Hoffnung machen, die Liebe eines anderen zu gewinnen.

WER VERLIEBT SICH IN WEN?

* »Gleich zu gleich« (in Bezug auf Attraktivität, Bildung, Herkunft, Interessen, Alter usw.) trifft sicher öfter zu, als dass sich Gegensätze anziehen.
* Auch im Zeitalter der Emanzipation steigern Macht und Geld die Chancen – vor allem die von Männern – auf eine Heirat oder Liebesbeziehung.
* Frauen verlieben sich angeblich besonders gern in Männer, die dem eigenen Vater, also dem ersten männlichen Liebesobjekt, ähnlich sind, und Männer verlieben sich entsprechend in Frauen, die einem Abbild der Mutter nahe kommen. War das Verhältnis zu den eigenen Eltern allerdings schlecht, kann die Partnerwahl auch von geradezu gegenteiligen Aussehens- und Wesensmerkmalen geleitet werden.

Auf die Frage, warum sich jemand genau in diesen und nicht in einen ebenso verfügbaren anderen, vielleicht sogar objektiv vorteilhafteren, Menschen verliebt hat, gibt es zwar immer eine plausible Antwort, die aber keinesfalls richtig sein muss.

Da also die Geheimisse des Verliebens bislang nur wenig gelüftet sind, lässt sich das glückliche Zusammenfinden zweier Menschen auch kaum beeinflussen und schon gar nicht er-

Das Glück in der Liebe muss man nicht verzweifelt suchen, man sollte es erfreut finden.

zwingen: Selbst wenn der/die Falsche alles richtig macht, hat er/sie meist dennoch schlechte Karten. Dagegen hat der/die Richtige auch nach vielen Fehlern noch nicht verspielt. Nach wie vor ist es sinnvoll, diese Volksweisheit zu berücksichtigen, die davor warnt, beim Werben zu viel Zeit und Bemühen auf eine Person zu verwenden, die keine ermutigende Resonanz zeigt. Je länger sie den Bewerber/die Bewerberin nicht erhört, desto unwahrscheinlicher ist es, dass sie es jemals tun wird. Wer sich hoffnungslos einseitig auf »diese/n oder keine/n« fixiert, wird blind für andere Chancen zum großen Glück um ihn herum.

»Jemanden nicht riechen können«, sagt der Volksmund und hat damit den Nagel auf den Kopf getroffen. Duftstoffe scheinen bei der Partnerwahl eine entscheidende Rolle zu spielen.

»Die Chemie muss stimmen«

Diese geläufige Feststellung ist möglicherweise wörtlicher zu nehmen als früher gedacht. Deutsche und amerikanische Forscher wollen nämlich herausgefunden haben, dass unbewusst wahrgenommene Duftstoffe, die so genannten Pheromone, eines Menschen darüber entscheiden, ob wir ihn sexuell anziehend und »verliebenswert« finden oder nicht. Sensor für eine entsprechend lockende beziehungsweise abstoßende oder gleichgültig lassende Aura unserer Mitmenschen ist das so genannte Vomeronasalorgan, dessen Existenz – eines in jedem Nasenloch – inzwischen unbestritten ist.

Selbst wenn sich die Liebe auf den ersten Blick in Wahrheit als Liebe »auf den ersten Riecher« entpuppen sollte, sind voreilige Hoffnungen auf ein un-

widerstehlich machendes Pheromonparfüm unangebracht. Denn so einfach und pauschal ist der Akt des Verliebens dennoch nicht zu überlisten, glauben selbst die Forscher.

Zu schüchtern?

Schüchterne Menschen kommen bei der Partnersuche leicht zu kurz. Bei Männern trifft das noch eher zu als bei Frauen, zumal in diesem Bereich auch heute noch vor allem männliche Initiative erwartet wird. Doch auch wem es schwer fällt, im täglichen Leben mit möglichen Kandidaten für eine Liebesbeziehung in Kontakt zu treten, oder wer in einer Unterhaltung nie den Übergang vom Smalltalk zum persönlichen Gespräch schafft, muss sich keineswegs damit abfinden, allein zu bleiben.

Gute Möglichkeiten bietet beispielsweise die Partnersuche per Kontaktanzeige. Der Vorteil dabei ist, dass man hier besonders leicht die »Flucht nach vorne« antreten kann: Erwähnen Sie Ihre Schüchternheit bereits in der Anzeige! Damit schließen Sie schon all jene als Adressaten aus, die mit dieser Eigenschaft nicht zurechtkommen. Vielleicht meldet sich jemand, der genauso schüchtern ist, oder aber jemand, den genau diese Eigenschaft anzieht.

Niemand sollte allerdings erwarten, dass aus der ersten Anzeigenbekanntschaft gleich die große Liebe erwächst. Da sich aber ohnehin oft mehrere »Bewerber« auf eine Anzeige melden und man außerdem immer wieder neue Anzeigen schalten kann, ist die Zahl der Begegnungen nahezu unbegrenzt. Früher oder später trifft man so meistens jemanden, mit dem es klappen kann. Man muss es nur versuchen. Zugleich stellen diese wiederholten Treffen ein gutes soziales Training im Umgang mit anderen Menschen dar. Die Hemmungen, jemanden anzusprechen, werden geringer, man gewinnt Routine im Gespräch – eine Routine, die vielleicht irgendwann dazu verhilft, auch aus einer zufälligen Begegnung mehr zu machen.

Schüchternheit lässt sich am besten überwinden, wenn man seine Befangenheit nicht krampfhaft zu verbergen sucht, sondern sich so gibt, wie man ist. Es gibt viele Menschen, die Zurückhaltung als Tugend schätzen.

So mancher Frosch hat das Zeug zum Märchenprinzen (und umgekehrt). Man muss potenziellen Partnern nur eine Chance geben, sich zu entpuppen. Wer nicht wagt, der nicht gewinnt. Sich einen Korb zu holen ist jedem schon passiert und kein Malheur.

SEHR ZU EMPFEHLEN: KONTAKTANZEIGEN

Immer mehr Menschen nützen die Möglichkeit, mit Kontaktanzeigen den Partner fürs Leben (oder für die nächsten Monate bis Jahre) zu finden. Entsprechend voll sind die dafür reservierten Seiten in Tageszeitungen, Magazinen und Illustrierten. Einschlägigen Statistiken zufolge bedarf es zwischen drei und fünfzehn verschiedener Begegnungen, bis eine dabei ist, aus der mehr wird. Lassen Sie sich also nicht gleich durch den ersten Fehlschlag entmutigen, sondern inserieren Sie weiter oder antworten Sie auf weitere Inserate. Ihre Anzeige sollte eine zumindest kleine persönliche Note aufweisen, die Rückschlüsse auf eigene Eigenschaften und Vorstellungen erlaubt. Während eine Antwort auf private Inserate lediglich die Portogebühr und eine Kleinanzeige ebenfalls nur sehr wenig kostet, kann die Inanspruchnahme professioneller Partnervermittler zum teuren Vergnügen werden: Schwarze Schafe, die die Sehnsucht ihrer Mitmenschen nach einem Partner lediglich als leicht sprudelnde Geldquelle betrachten, sind im Heer der wie Pilze aus dem Boden schießenden Partnerinstitute weit verbreitet.

Beziehungen am Scheideweg

In Deutschland wird heute bereits jede dritte Ehe geschieden, und ungezählt sind die oft ebenso schmerzhaft zerbrochenen nichtehelichen Partnerschaften. Auch wenn es manchem Betroffenen so vorkommen mag, geschehen Trennungen nie plötzlich und aus heiterem Himmel. Ihnen geht eine meist längere Phase voraus, in der zumindest ein Partner in der Beziehung erheblich unzufrieden, enttäuscht oder unglücklich mit der Beziehung ist.

Sinnvoll kritisieren in der Partnerschaft

Aus Angst, den Partner zu verletzen, zu verlieren oder als kleinlich zu gelten, werden eigene Unzufriedenheiten zu lange verdrängt und verschwiegen. Erst wenn sich zu viele Enttäuschungen aufgestaut haben, droht dann irgendwann ein unangemessen aggressiver Ausbruch. Dabei hätte der Kritisierte womöglich bestimmte Verhaltensweisen ändern, bestimmte kritisierte Zustände abstellen können, wenn er rechtzeitig sachlich darauf hingewiesen worden wäre.

Unzufriedenheiten mit der Partnerschaft sollten in einer ruhigen Minute ausgesprochen werden. Noch besser ist, wenn man für die Kritik und die anschließende Diskussion gemeinsam regelmäßige Termine einrichtet. Man erreicht dann wesentlich leichter eine konstruktive Einigung als bei Vorwürfen, die spontan aus einem akuten Ärger heraus gemacht werden.

Streit ist dennoch manchmal unvermeidlich. In Beziehungen darf es jedoch nicht darum gehen, Auseinandersetzungen zu gewinnen. Wer immer gewinnt, verliert leicht die Zuneigung des Partners. Ein guter Streit sollte vielmehr mit einer Einigung enden, beziehungsweise eine Einigung nach sich ziehen, sobald sich die Gemüter beruhigt haben.

Bringen Sie Unzufriedenheiten ehrlich und konkret vor. Oft wagt man nicht, ein bestimmtes Problem in der Beziehung anzusprechen. Dafür wird stellvertretend an anderen Eigenschaften herumgenörgelt. Wer beispielsweise findet, dass sein Partner zu dick wird, sollte ihm genau das sagen. Auch wenn es vielleicht schwerer fällt, als sich vorgeblich ständig um seinen Cholesterinspiegel zu sorgen.

Eine gute und oft sogar äußerst unterhaltsame Methode, Kritik an den Mann bzw. die Frau zu bringen, sind Rollentauschspiele. Vereinbaren Sie regelmäßig einen Abend, an dem Sie Ihren Partner mit all seinen von Ihnen bemängelten Fehlern spielen und umgekehrt.

Schreiben Sie sich gelegentlich Briefe, in denen Sie liebevoll bis sachlich erörtern, was Sie in Ihrer Beziehung gerne geändert hätten. Dieser Weg empfiehlt sich besonders dann, wenn kritische Gespräche erfahrungsgemäß rasch in unproduktiven Verteidigungskriegen enden.

Wer nicht hören will, muss fühlen

Besonders Männer haben oft Vorbehalte gegen eine Paarberatung oder -therapie. Willigen sie nach langem Zaudern endlich ein, ist es dann aber manchmal schon zu spät.

Allzuoft werden aber auch deutliche Unmutsäußerungen und selbst schon fortgeschrittene Warnsignale des anderen nicht wahrgenommen oder ignoriert. Selbst wenn das Partnerschiff bereits erheblich leck geschlagen ist und zu sinken droht, ist vielen der Ernst der Lage immer noch nicht bewusst. Sie wachen erst auf, wenn sich der andere nach zahlreichen fruchtlos vorgebrachten Änderungswünschen innerlich schon länger aus der Beziehung verabschiedet hat und nun auch formal den Schlussstrich ziehen will. Laut Scheidungsstatistik sind es überwiegend die Männer, die zu lange weghören und dann vom Ende der Beziehung überrascht werden.

Sensibel für vom Partner geäußerte Unzufriedenheiten zu sein heißt nun nicht, allen Wünschen des anderen sofort nachzugeben. Manches kann oder will man nicht ändern. Aber über alles lässt sich reden! Man sollte gemeinsam Kompromisse anstreben, mit denen beide gut zurechtkommen. Wenn dies in elementaren Punkten nicht gelingt, hat sich die Beziehung vielleicht wirklich überlebt, oder sie war von Anfang an ein Fehler, die über das Stadium der ersten Verliebtheit nicht hinausgekommen ist. Bevor man aber die Flinte endgültig ins Korn wirft, lohnt in vielen Fällen ein Gang zur Paarberatung.

Immer einen Versuch wert: die Paarberatung

Viele Beziehungen scheitern, weil es den Partnern nicht gelingt, Missverständnisse auszuräumen, oder weil sie an falschen Fronten kämpfen. Oftmals macht der eine den anderen für eigene Unzulänglichkeiten verantwortlich, oder man dreht sich im Kreise wechselseitiger Schuldvorwürfe. Ohne es zu wollen, artet das Miteinander immer öfter in ein Gegeneinander aus. Versöhnungsversuche scheitern immer wieder am vermeintlichen Boykott des anderen. Ein kompetent schlichtender Dritter kann hier selbst in ausweglos erscheinenden

Öffnungszeiten: Mo bis Do 7.30 bis 12.00 Uhr
und 12.45 bis 17.00 Uhr, Fr 7.30 bis 12.30 Uhr

Schuldnerberatung Lkrs. Augsburg
Sozialarbeit_____EG

Beratungsstelle für Strafentlassene
und Nichtseßhafte_____EG

Geschäftsführung_____1. OG

Evangelische Beratungsstelle für Eltern-,
Jugend-, Ehe- und Lebensfragen_____2. OG

Kindergartenfachb.ratung
Verwaltung_____1. OG

Zum Glück haben immer mehr Menschen erkannt, dass es keineswegs ein Zeichen von Schwäche ist, sich bei Problemen sachkundige Hilfe zu holen. Im Gegenteil: Wer sich mit seinen Schwierigkeiten aktiv auseinander setzt, beweist Stärke und Mut.

Ehe- und Beziehungskrisen viel bewirken. Oft werden gute Freunde als Schiedsrichter herangezogen; sie sind jedoch in solchen Situationen, die ein hohes Maß an beiderseitigem Einfühlungsvermögen und dennoch absolute Neutralität voraussetzen, zumeist überfordert. Hilfe sollte man besser bei professionellen Ehe- und Partnerschaftsberatern suchen, wie sie beispielsweise in jedem größeren Ort von Pro Familia oder anderen Sozialdiensten, wie etwa der Caritas, vermittelt werden. Oft genügen schon wenige Beratungsstunden, um eine wankende Beziehung wieder ins Lot zu bringen. Manchmal ist aber auch eine länger dauernde Paartherapie erforderlich, um die Beziehung zu stabilisieren.

Keine Erfolgsgarantie

Auch Paarberatung und -therapie können nicht jede Beziehung retten. Wenn es trotz allem zur Trennung kommt, ist diese dann aber vielfach leichter zu überwinden. Denn erstens haben die Partner zumindest das entlastende Gefühl, nichts unversucht gelassen zu haben. Zweitens werden gegebenenfalls

Die Kosten für eine Paartherapie werden üblicherweise von den Krankenkassen nicht übernommen. Oft bietet sich jedoch an, eine Paartherapie im Rahmen einer erstattungsfähigen Einzeltherapie durchzuführen. Fragen sie im Bedarfsfall ihren Arzt, Therapeuten oder auch ihre Krankenkasse nach einer entsprechenden Möglichkeit.

Ein bisschen Eifersucht kann einer erotisch ermüdeten Beziehung gut tun. Kalkulierbares Spiel mit dem Feuer: Gehen Sie mit Ihrem/ Ihrer Partner/in im Abstand von ein paar Minuten nacheinander in ein Tanzlokal und verhalten Sie sich zunächst so, als ob Sie sich nicht kennen würden. Tanzen und flirten Sie ein wenig mit anderen, bevor sie schließlich miteinander »Neu-Kennenlernen« spielen.

unvereinbare Gegensätze durch den Beziehungsberater/-therapeuten deutlich herausgearbeitet, und eine Trennung kann dann oft eher als konstruktiver Ausweg akzeptiert werden. Außerdem besteht die Möglichkeit, eine Paartherapie bei Bedarf übergangslos in eine Einzeltherapie münden zu lassen, so dass Menschen, die unter einer Trennung so leiden, dass sie professionelle Hilfe brauchen, schnellstmöglich aufgefangen werden.

Besser zu früh als zu spät

Grundsätzlich gilt, dass eine Paarberatung oder -therapie bei zunehmend häufiger oder stärker werdenden Beziehungskrisen möglichst rasch in Angriff genommen werden sollte. Solange beide Partner ihr Leben grundsätzlich weiter teilen und bestehende Schwierigkeiten aus dem Weg räumen wollen, sind die Erfolgsaussichten einer professionellen Hilfeleistung sehr gut. Leider werden die zuständigen Stellen aber oft erst aufgesucht, wenn ein Partner die Trennung innerlich bereits vollzogen hat und vielleicht sogar schon mit einer neuen Beziehung liebäugelt. Für ihn hat die Paarberatung dann meist nur noch eine Alibifunktion, um sich von Schuldgefühlen gegenüber dem anderen zu entlasten. Der endgültige Bruch ist dann häufig nicht mehr abzuwenden.

Knisternde Erotik oder Geborgenheit des Alltags

Nur wenigen Paaren gelingt es, die knisternde Erotik der ersten Wochen und Monate auch in einer langjährigen Beziehung dauerhaft zu erhalten. Die Gazetten sind zwar voll mit einschlägigen Tipps, wie man müde Ehen aufpeppt beziehungsweise vermeidet (»Verlieben Sie sich immer wieder neu in Ihren Partner ...«). Doch selbst wer Gelesenes beherzigt, wartet meist vergeblich auf die Rückkehr ungestümer Leidenschaft. In ansonsten guten Beziehungen ist das Abflauen der

Erotik wahrscheinlich der Preis, den uns die Natur für eine zu vertraute, zu selbstverständliche Zweisamkeit abverlangt. Denn sobald ein Partner plötzlich nicht mehr in der gewohnten Weise verfügbar ist oder sein Verhalten gar Eifersucht und Verlustängste schürt, erwacht beim anderen häufig eine längst vergessen geglaubte Begehrlichkeit. Ein Paar, das diese paradoxe Konstruktion menschlicher Gefühle spielerisch zu nützen weiß, wird wohl nie unter einer langweiligen Beziehung leiden.

Verlassen

Vom Liebespartner verlassen zu werden, zählt zu den schlimmsten Erfahrungen im Leben eines Menschen. Sogar wenn die Beziehung schon lange nicht mehr gut war und man selbst Zweifel am sinnvollen Fortbestand hegte, werden vollendete Tatsachen nahezu immer als Tragödie empfunden. »Es wird schon wieder« ist zwar eine berechtigte Hoffnung, die akut jedoch wenig tröstet.

Häufige Gründe für Trennungen: Sprachlosigkeit zwischen den Partnern, Emotionen auf dem Nullpunkt, seelische Grausamkeiten, wiederholte Seitensprünge.

Manchmal schlimmer als Scheidung durch Tod

Verlassen zu werden wiegt für eine begrenzte Zeit manchmal schwerer als der Tod eines geliebten Menschen. Auch wer einen verstorbenen Partner zu beklagen hat, ist allein. Der Zurückgebliebene kann sich aber dem Verschiedenen auf einer mystischen Ebene weiterhin tief verbunden fühlen. Zwar ist die Zukunft abgeschnitten, aber die gemeinsame Vergangenheit bleibt unbelastet. Beim »nur« Verlassenen jedoch gesellt sich zum Verlust eine tiefe persönliche Kränkung, die umso schwerer wiegt, je schneller sich der aktiv Verlassende einer neuen Beziehung zuwendet. Die gemeinsamen Jahre werden plötzlich infrage gestellt, und nicht nur die Zukunft muss neu interpretiert werden. Im Chaos der Emotionen wechseln sich Hassgefühle ab mit idealisierenden Vorstellungen, das Beste im Leben verloren zu haben. Man bedenkt den anderen mit allen nur möglichen Verwünschungen, und gleichzeitig lässt jedes Telefonklingeln das Herz höher schlagen in der Hoffnung, der Verflossene möge seine Rückkehr ankündigen.

Mit dem Paar spaltet sich oft auch der Freundeskreis. Vieles, was man ehedem zu zweit genossen hat, wird alleine schier unerträglich: das Stammlokal, das gemeinsame Lieblingslied, die meisten Freizeitaktivitäten.

Im Laufe der Zeit ebbt auch der schlimmste Trennungsschmerz ab. Obwohl wir das (fast) alle wissen, hilft uns diese Erkenntnis in akuten Trennungszeiten kaum weiter.

Hinzu kommt, dass mit einer Trennung auch zahlreiche formale Erfordernisse verbunden sind. Es gilt, den zukünftigen Umgang mit den gemeinsamen Kindern zu regeln, Mietverträge zu lösen, eine neue Wohnung zu suchen, den Haushalt zu trennen und vieles Unangenehme mehr.

AUS DER TRENNUNG LERNEN

Vor den Scherben einer aktuell zerbrochenen Beziehung stehend, wird vieles, was vorher wichtig erschien, plötzlich zur Nebensache. Die Karriere, der Ärger mit dem Chef, die Schramme im Auto, jetzt ohnehin hinfällige Auseinandersetzungen um das gemeinsame Urlaubsziel und manch sonstiger Seelenballast – alles bekommt vor dem Hintergrund der Trennung eine völlig neue, vergleichsweise bedeutungslose Dimension. Man glaubt erst jetzt zu erkennen, worum es im Leben wirklich geht und wie unnötig schwer man so viele Bagatellen genommen hat. Wer diese Erkenntnis – zumindest ansatzweise – über die Zeit des Trennungsschmerzes hinaus zu bewahren vermag, hat durch den momentanen Schicksalsschlag auf lange Sicht vielleicht sogar gewonnen. Er wird so manchen Widrigkeiten des Alltags gelassener begegnen und auch eine neue Beziehung reifer als ehedem gestalten können.

Was tun, bis die Zeit die Wunden heilt?

Dass die Zeit die meisten Wunden heilt und irgendwann auch der Verlassene lächelnd auf seinen momentanen Kummer zurückschauen können wird, trifft in fast jedem Fall zu; doch wie lassen sich die quälenden Wochen, Monate und manchmal sogar Jahre, bis es so weit ist, erleichtern und verkürzen?

Wenn der Trennungsschmerz übermächtig zu werden droht, suchen Sie Trost und Hilfe bei Freunden bzw. vertrauen Sie sich seelsorgerlicher oder psychologischer Beratung an.

Den Kummer von der Seele reden

Wer sich als Betroffener seinen Kummer von der Seele redet, leidet weniger darunter als derjenige, der seine Sorgen in sich hineinfrisst. Da aber früher oder später auch die besten Freunde vom ständigen Jammern überfordert sind, sollte man nach zusätzlichen Kummerkästen Ausschau halten.

Schließen Sie sich einer Selbsthilfegruppe für frisch Geschiedene und Getrennte an; wenn es in Ihrem Ort keine gibt, gründen Sie eine. Schalten Sie ein Chiffreinserat in einer lokalen Zeitung – Sie können sicher sein, dass es schon in jeder Kleinstadt zahlreiche Menschen gibt, die gerade in der gleichen Situation sind wie Sie.

Wenn man in den ersten einsamen Nächten kein Auge zubekommt, weil man ohne den Partner keinen Sinn mehr im Leben sieht, kann ein Anruf bei der Telefonseelsorge gut tun. Entsprechende Einrichtungen gibt es bundesweit flächendeckend, und sie sind rund um die Uhr besetzt. Die Gespräche sind unbefristet und – abgesehen vom Einheitentarif – kostenlos.

Verkriechen Sie sich nicht in Ihrer Wohnung. Gehen Sie aus, treiben Sie Sport, leisten Sie sich einen Kurzurlaub, suchen Sie alte und neue Kontakte. Oft kann man sich nur schwer zu solchen Aktivitäten aufraffen, dennoch geht es einem meist besser, sobald man es geschafft hat.

Wenn der Kummer zu schlimm wird und Sie vielleicht sogar von anhaltenden Depressionen überfallen werden, scheuen Sie sich nicht, eine Psychotherapie ins Auge zu fassen.

Reden ist Silber, Schweigen ist Gold – allerdings nicht, wenn man gerade eine schmerzhafte Trennung durchgemacht hat. In diesen Fällen tut es meist sehr gut, sich den Kummer von der Seele zu reden.

Lassen Sie sich im Trennungsschmerz nicht zu irgendwelchen Rachereaktionen gegenüber dem ehemaligen Partner hinreißen. Sie könnten sie später bitter bereuen.

Was Sie unbedingt vermeiden sollten

Im ersten Trennungsschmerz neigen viele zu Handlungen, die ihnen bei klarem Verstand nicht im Traum einfallen würden. Man sollte in derartigen Ausnahmesituationen also zweimal überlegen, bevor man eine Dummheit begeht, die man wenig später bereut.

So sollte man es unbedingt unterlassen, dem ehemaligen Partner hinterherzuspionieren. Viele Verlassene schleichen während der ersten Trennungszeit geradezu zwanghaft immer wieder um die Wohnung des Expartners. Sie hoffen auf ein zufälliges Treffen oder wollen – von Eifersucht getrieben – erspähen, mit wem, wie oft und wie intensiv der andere neue Kontakte pflegt. Damit steigert und verlängert man allein die eigene Qual.

Rache ist selten süß, sondern verursacht fast immer einen bitteren Nachgeschmack. Wer seinen Expartner mit Telefonterror, einer Anzeige beim Finanzamt oder mit sonstigen einschlägigen Rachestrategien bis hin zu körperlichen Attacken verfolgt, schadet sich damit mehr, als dass er sich Erleichterung verschafft. Man riskiert die Kritik gemeinsamer Freunde, verliert an Selbstachtung und gefährdet die Chance, irgendwann wieder, vielleicht auf einer anderen Ebene, zusammenzufinden.

Auch wenn es schwer fällt, dürfen gemeinsame Kinder möglichst wenig in den Trennungskonflikt hineingezogen werden. Die Trennung allein setzt ihnen schon gehörig zu. Deshalb sollte man die zusätzliche Belastung vermeiden, die entsteht, wenn der verbliebene ständig schlecht über den für das Kind verlorenen Elternteil spricht.

Alkohol ist kein geeigneter Seelentröster. Wer den Trennungsschmerz allabendlich mit Bier, Wein oder gar Hochprozentigem betäubt, riskiert den Absturz in die Abhängigkeit.

Schnellstmöglich eine neue Liebe? Warum nicht!

Oft wird den unter einer gescheiterten Beziehung Leidenden geraten, erst einmal eine längere Zeit allein zu bleiben, um die Trennung gründlich zu verarbeiten und mit sich ins Reine zu kommen. Auch wenn es theoretische Überlegungen gibt, die für einen solchen Rückzug sprechen, weist die praktische Erfahrung in eine andere Richtung. Eine neue Liebe, und es muss nicht unbedingt gleich wieder die große sein, kann die Zeit des Schmerzes drastisch verkürzen. Allerdings haben frisch Getrennte oft nicht unbedingt die besten Voraussetzungen, potenzielle Partner kennen zu lernen und zu erobern. Schon eine leichte Trennungsdepression vermindert erheblich die Fähigkeit, positiv auf andere zuzugehen. Der spontane Charme ist im Moment versiegt, und als ehrlich Leidender mit der Tür ins Haus zu fallen geht auch meistens daneben. Denn wer will schon gern Trostpflaster sein für jemanden, dessen Blick vorerst noch unübersehbar in die Vergangenheit gerichtet ist? Das kann und will noch am ehesten ein Mensch leisten, der in ei-

Wer schon bald nach einer schmerzhaften Trennung ein neues Glück findet, sollte die Chance nutzen. Falsch aber wäre eine Flucht zu einem neuen Partner, der nur als Trostpflaster fungieren soll. Eine solche Beziehung steht von Anfang an auf tönernen Füßen.

Manchmal tut es gut, wenn man sich mit Leidensgenossen bzw. Gleichgesinnten verbündet, um den Trennungsschmerz aufzuarbeiten. Kontakte kann man durch eine Anzeige in der Zeitung knüpfen.

ner vergleichbaren Situation steckt. Den zu finden, bietet wiederum eine Bekanntschaftsanzeige gute Chancen. »Mann/Frau mit Liebeskummer sucht Frau/Mann mit Liebeskummer zum gegenseitig kümmern« oder ähnliche wegweisende Texte versprechen immer ein paar Zuschriften von Leidensgenossen, die zu treffen sich lohnen könnte. Gut möglich, dass sich aus einer dieser Begegnungen eine gegenseitige Zweckgemeinschaft im Sinne einer Selbsthilfegruppe, eine schmerzstillende Übergangsliebe oder vielleicht sogar das große Glück entwickelt.

Das Wichtigste auf einen Blick

1. Warum sich zwei bestimmte Menschen ineinander verlieben, hängt von vielen sich wechselseitig beeinflussenden psychologischen, soziologischen, biologischen und zufälligen Faktoren ab. Alle vermeintlichen Regeln des Verliebens werden durch zahlreiche Ausnahmen relativiert.

2. Liebe lässt sich kaum manipulieren und schon gar nicht erzwingen. Menschen, die dies ignorieren und sich einseitig zu sehr auf einen bestimmten Wunschkandidaten fixieren, verpassen leicht die anderen sich bietenden Anschlüsse an das Glück zu zweit.

3. Wer zu schüchtern ist, im Alltag Menschen anzusprechen und kennenzulernen, sollte den Weg über Kontaktanzeigen versuchen, der erfahrungsgemäß gute Erfolgsaussichten bietet.

4. Jede dritte Ehe wird heute geschieden, und ungezählt sind die oft ebenso dramatisch auseinander brechenden nichtehelichen Verbindungen.

5. Trennungen kommen selten überraschend. Sie bilden fast immer den Schlusspunkt einer längeren Periode, in der zumindest ein Partner erheblich unzufrieden mit der Beziehung war.

6. Viele Trennungen wären deshalb vermeidbar, wenn Unzu-friedenheiten rechtzeitig ausgesprochen und dann in einer ge-meinsam erarbeiteten Lösung aus der Welt geschafft würden.

7. Allzu oft scheitern Beziehungen an wechselseitigen Miss-verständnissen. Oft lohnt es sich, Übersetzungshilfe bei einem Paarberater beziehungsweise -therapeuten zu suchen. Solan-ge noch beide Partner ernsthaft an einer Fortsetzung der Be-ziehung interessiert sind, stehen die Chancen einer solchen In-tervention gut.

8. Verlassen zu werden ist eine der schlimmsten Erfahrungen im Leben eines Menschen. Akut Betroffene brauchen in erster Linie verständnisvolle Ansprechpartner: gute Freunde, eine Selbsthilfegruppe, die Telefonseelsorge, eventuell auch einen Psychotherapeuten.

9. Dennoch: Der Kummer ist so gut wie immer befristet, und spätestens eine neue Liebe lässt das alte Leid oft überraschend schnell vergessen.

10. Unvergessen bleiben sollten jedoch die alten Fehler, damit sie sich in der neuen Beziehung nicht wiederholen.

Gegen den Kummer, der aus einer un-glücklichen Liebe erwächst, gibt es kein Patentrezept. Man kann jedoch einiges tun, damit aus dem Seelen-schmerz keine ernst-hafte psychische oder gar körperliche Erkrankung wird.

Das offene Ansprechen von Problemen und Konflikten trägt viel zu einer ent-spannten und gelösten Atmo-sphäre zwischen den Partnern bei. Wer dagegen seinen Ärger und Frust für sich behält, riskiert die harmonischste Beziehung.

Die alltägliche Suchtgefahr

In unserer Gesellschaft wird das Rauchen zwar allmählich kritischer gesehen, trotzdem gehört es nach wie vor zu unserem Alltag.

Den Begriff Sucht verbinden die meisten spontan mit dem zwanghaften Gebrauch illegaler Drogen. Während davon aber in Deutschland »nur« 120 000 Menschen betroffen sind, ist das zahlenmäßig weit größere Problem die Abhängigkeit von Alkohol, Tabak und missbräuchlich eingenommenen Medikamenten: 17 Millionen Deutsche rauchen, wovon mindestens sechs Millionen als hochgradig nikotinsüchtig eingestuft werden; schätzungsweise 2,5 Millionen sind abhängig von Alkohol und 1,4 Millionen von Medikamenten. Die »legale Sucht« fordert bei uns weit mehr Todesopfer als die illegale.

So sterben an den Folgen des Rauchens jährlich etwa 100 000 Bundesbürger und aufgrund übermäßig konsumierten Alkohols weitere 40 000. Dem vorzeitigen Tod gehen dabei oft Jahre schwerer Krankheiten voran, die durch diese beiden gebräuchlichsten Suchtgifte verursacht werden.

Rauchen – der permanente Selbstbetrug

Obwohl heute jeder weiß, wie gesundheitsschädlich das Rauchen ist, greifen immer noch Millionen zur Zigarette.

Die erheblichen Gefahren des Rauchens für Leben und Gesundheit sind inzwischen nahezu jedem bekannt. Dennoch inhalieren in Deutschland knapp 30 Prozent der über 15-Jährigen den blauen Dunst. Was veranlasst das vernunftbegabte Wesen Mensch zur Selbstzerstörung auf Raten?

Ein Bedürfnis, das erst erzeugt werden muss

Rauchen hat dem Raucher während der Minuten des Tabakkonsums durchaus einiges zu bieten: Es entspannt, beruhigt und verbessert die Stimmung. Bei Ermüdung kann es anregend wirken und die Konzentrationsfähigkeit steigern. Jemand, der noch nie geraucht hat und sich das erste Mal im Leben einen Glimmstängel ansteckt, wird solche Erfahrungen allerdings nicht teilen, sondern zunächst überwiegend Unangenehmes verspüren. Der Rauch kratzt in Rachen und Luftröhre, verursacht Hustenreiz, Schwindelgefühle, Herzklopfen und Bauchgrimmen. Hauptmotive, warum – oft schon in früher Jugend – trotzdem mit dem Rauchen begonnen wird, sind Gruppendruck (Rauchen, um dazuzugehören) und die von Werbung und Rauchern im Bekanntenkreis geschürte Neugier auf die positiven Seiten des Rauchens (sobald man es richtig macht). Diese werden, zumindest ansatzweise, tatsächlich rasch entdeckt, wenn der Neuraucher gelernt hat, hustenfrei zu inhalieren, und sich der Organismus ein wenig an das Gift gewöhnt hat. In diesem Stadium wäre es noch leicht, wieder aufzuhören.

Wie Abhängigkeit entsteht

Der »volle Nikotingenuss« stellt sich jedoch erst ein, wenn der Körper und mehr noch die Psyche in zunehmende Abhängigkeit vom blauen Dunst geraten. Sinkende Nikotinspiegel in Blut und Gehirn verursachen nun ein wachsendes diffuses Unbehagen (Nikotinhunger), das sofort aufhört, sobald der Raucher einen tiefen Zug aus der nächsten Zigarette nimmt. Dieser innere Drang nach destruktiver Belohnung wird erheblich verstärkt durch äußere stimulierende Reize wie Stress und Situationen, die gewohnheitsmäßig mit einem Griff zur Zigarette verbunden sind. Auch wenn sie es oft nicht zugeben, hält die meisten Raucher also kein besonderer Genuss, sondern

Für die Gesundheit schädlicher als das Nikotin ist die Vielzahl von anderen Giftstoffen, die im Tabakrauch enthalten sind. Das süchtig machende Nikotin sorgt jedoch dafür, dass wir all diese Giftstoffe trotz besseren Wissens weiter inhalieren.

hauptsächlich das Vermeiden von Entzugserscheinungen bei der Stange. Früher oder später benötigen sie ihre tägliche Nikotindosis nur, um sich halbwegs so wohl zu fühlen wie ein Nichtraucher ohne Droge.

Das verdrängte Risiko

Rauchen ist nicht nur der Hauptrisikofaktor für Lungenkrebs. Auch Lippen-, Mundboden-, Nasen-, Kehlkopf-, Speiseröhren-, Nieren- und Blasenkrebs sowie eine Reihe weiterer bösartiger Erkrankungen kommen bei Rauchern deutlich häufiger vor als bei Nichtrauchern. Ebenso wächst das Risiko für Herzinfarkt, Hirnschlag und Raucherbein mit der Zahl der gerauchten Zigaretten.

Die körperlichen und seelischen Unannehmlichkeiten des Nikotinentzugs fürchten die meisten Raucher mehr als die gesundheitlichen Risiken ihres Lasters. Dem jüngeren Raucher kommt dabei entgegen, dass die durchaus bekannten Gefahren erst in der Zukunft und nicht in der Gegenwart lauern. Viele Raucher planen denn auch, »schon noch rechtzeitig aufzuhören«. Nur eben nicht jetzt. Dabei wird der Ausstieg immer schwieriger, je länger man raucht. Und so mancher qualmt jahrzehntelang mit zunehmend schlechtem Gewissen jeden Tag die angeblich letzte Schachtel. Selbst wenn irgendwann Warnsignale wie Kurzatmigkeit und Herzklopfen bei kleinsten Anstrengungen, nächtliche Hustenanfälle oder gar schon chronische Bronchitis und belastungsabhängige Herzschmerzen zur Umkehr mahnen, hält der Großteil aller Raucher am Glimmstängel fest.

Der bislang erfolgreichste Ausweg: Verhaltenstherapie plus Nikotinpflaster

Wem es selbständig nicht gelingt, dem Tabak dauerhaft zu entsagen, der kann auf ein breites Angebot von professionellen Hilfsangeboten ausweichen. Ärzte, Psychologen, Heilpraktiker und zahlreiche Autodidakten bieten vielfältige Dienste an: Akupunktur, Hypnose, Verhaltenstherapie und zahllose Außenseitermethoden. Skeptiker vermuten zwar, dass an den Erfolgen nahezu jedes Verfahrens oftmals vor allem der Glaube daran die Abstinenz fördert, doch erfolgreiche Entwöhnung entzieht jeder Kritik den Boden.

POSITIV MOTIVIERT IN DIE ABSTINENZ

Wer immer wieder dabei scheitert, sich mit Blick auf die Rauchern drohenden Krankheiten zum Aufhören zu motivieren, der sollte, sich folgende Positivliste vor Augen zu halten:

٭ 20 Minuten nach der letzten Zigarette verlangsamt sich bereits die Pulsfrequenz, und die Temperatur in Händen und Füßen steigt auf Normalwerte an.

٭ Schon nach 24 Stunden sinkt das Herzinfarktrisiko.

٭ Nach 48 Stunden verbessern sich Geruchs- und Geschmackssinn.

٭ Nach zwei Monaten beginnen die vom inhalierten Rauch zerstörten so genannten Flimmerhärchen wieder zu wachsen und verbessern die Selbstreinigung der Bronchien. Die Überproduktion von Bronchialschleim wird normalisiert, und die Lungenfunktion hat sich um bis zu 30 Prozent verbessert. Spürbare Folgen: Häufige Raucherbeschwerden wie Bronchitis, Reizhusten, Kurzatmigkeit und Nebenhöhlenkatarrh sind verschwunden oder deutlich gelindert.

٭ Nach sechs Monaten ist bei körperlich gesunden ehemaligen Rauchern das Herzinfarktrisiko auf das Niveau von Menschen gesunken, die nie in ihrem Leben geraucht haben.

٭ Nach fünf Jahren halbiert sich das Lungenkrebsrisiko.

٭ Nach zehn Jahren geht das bei Rauchern deutlich erhöhte Risiko für Mundhöhlen-, Rachen-, Kehlkopf-, Speiseröhren-, Harnblasen- und Nierenkrebs auf das Niveau derer zurück, die nie in ihrem Leben geraucht haben.

٭ Nach 20 Jahren ist das Risiko für Lungen- und Bauchspeicheldrüsenkrebs genauso niedrig wie bei Menschen, die nie geraucht haben.

(Nach Prof. Dr. med. Siegfried Heyden, Durham N.C./USA.)

Unter Stress neigt der Tabakkonsum dazu, anzusteigen. Oft pendelt er sich dann dauerhaft auf dem höheren Niveau ein um bei erneuten ungewöhnlichen Belastungen nun von hier aus nach oben zu driften.

In manchen Kreisen gilt es noch immer als schick zu rauchen. Wer mag da schon an die damit verbundenen Risiken und Gefahren denken?

Nicht zu rauchen ist leichter, als wenig zu rauchen.

Nachweislich am effektivsten wirkt bislang die Kombination von Verhaltenstherapie und Nikotinpflaster: Die Rate der Langzeiterfolge liegt hier schon nach dem ersten Versuch bei erstaunlichen 40 Prozent. In verhaltenstherapeutischen Sitzungen, die zur Raucherentwöhnung meist in Gruppen stattfinden, erlernen die Aufhörwilligen vor allem, wie sie den ständigen Rückfallverführungen am einfachsten und zuverlässigsten widerstehen. Durch gezielte so genannte Dekonditionierungen wird das Suchtgedächtnis so weit wie möglich abgeschwächt. Die zusätzliche Behandlung mit einem Nikotinpflaster stillt den Nikotinhunger und erleichtert den anfänglichen Verzicht auf die Zigarette. Das eingespielte Ritual »sinkender Nikotinspiegel – Unbehagen – Zug aus der nächsten Zigarette – Unbehagen beseitigt = Belohnung« verliert sich. Über drei Monate wird dann die Nikotindosis des Pflasters allmählich reduziert und schließlich abgesetzt. Hausarzt und Krankenkasse nennen Ihnen Angebote und Anlaufstellen für solche Verhaltenstherapien gegen das Rauchen (mit oder ohne Nikotinpflaster).

TIPPS FÜR HARTE ZEITEN

1. Mit einem Schlag aufhören fällt leichter, als langsam zu reduzieren.

2. Im Urlaub sind die ersten Schritte in die Abstinenz einfacher als während beruflicher Stresszeiten.

3. Wenn Sie Verbündete für ein gemeinsames Aufhören suchen, dann schließen Sie sich nur solchen an, die genauso ernsthaft wie Sie am Gelingen des Vorhabens interessiert sind. Wer nur halbherzig mitmacht, steigt rasch wieder aus und verführt damit auch alle anderen zum Umfallen.

4. Vergegenwärtigen Sie sich immer wieder selbst kleine Zeitdimensionen, die Sie als Nichtraucher bereits überwunden haben: Schon eine Stunde ohne Zigarette, schon einen Tag, schon X Tage, schon eine Woche, schon einen Monat usw.

5. Keine Angst vor dem körperlichen Entzug! Wenn überhaupt, fühlen Sie sich höchstens ein paar Tage schlapp, leistungsschwächer und weniger bei der Sache als sonst.

6. Schwerer fällt der psychische Entzug. Zwar ist auch hier das Schlimmste nach zwei bis drei Wochen ausgestanden, und dann erträgt man die Nikotinabstinenz von Tag zu Tag leichter.

7. Meiden Sie in den rückfallgefährlichsten ersten drei Abstinenzwochen Orte, an denen viel geraucht wird, und nach Möglichkeit auch rauchende Freunde.

8. Halten Sie sich möglichst viel im Freien auf.

9. Falls Sie bislang körperlich weitgehend untätig waren, beginnen Sie eine Ausdauersportart wie Schwimmen, Radfahren oder Laufen. Regelmäßiges Training dämpft Entzugserscheinungen und verhindert eine Gewichtszunahme, die ehemalige Raucher in den ersten Monaten ihres rauchfreien Lebens ansonsten häufig beklagen.

Wer nie in seinem Leben geraucht hat, ist nicht in der Lage sich vorzustellen, wie schwierig es ist, die Zigarette für immer beiseite zu legen. Dennoch, viele haben es geschafft – warum nicht auch Sie? Nebenstehend ein paar Tipps von einem, der es nach einigen erfolglosen Versuchen endlich hinter sich hat.

Volksdroge Nummer eins: Alkohol

Alkoholsucht ist eine gesetzlich anerkannte Erkrankung. Entzugstherapien werden daher von den Krankenkassen bezahlt.

Alkohol ist die mit Abstand am häufigsten konsumierte psychisch stimulierende Droge. Von wenigen Ausnahmen abgesehen, genehmigen sich die meisten Erwachsenen gelegentlich ein Bier, ein Glas Wein oder hin und wieder auch Höherprozentiges; in diesen Fällen besteht keine Alkoholsucht. Selbst wer regelmäßig, aber in Maßen trinkt, läuft eher selten Gefahr, Alkoholiker zu werden. Anders als die Raucher den schnell Abhängigkeit erzeugenden Zigaretten, verfallen nur vergleichsweise wenige Alkoholkonsumenten ihrer Droge. Wird allerdings hier die Grenze zur Sucht überschritten, wiegen die Konsequenzen ungleich schwerer. Denn der Alkoholiker ruiniert nicht nur seine Gesundheit, sondern sein ganzes Leben ebenso wie das seiner Angehörigen. Früher oder später verlieren die meisten ihren Arbeitsplatz, bei vielen zerbricht die Familie und es droht die totale soziale Verelendung. Einmal wirklich abhängig vom Alkohol, stehen die Chancen, dauerhaft wieder davon loszukommen, bislang immer noch schlecht. Umso wichtiger ist es, den zumeist schleichenden Einstieg rechtzeitig zu erkennen und umzukehren, bevor es zu spät ist.

Gibt es ungefährliche Mengen?

Regelmäßig ein kleines Quantum Alkohol kann der Gesundheit sogar förderlich sein. Erwachsene, die täglich knapp einen Viertelliter Wein oder einen halben Liter Bier trinken, haben im Vergleich zu absoluten Nichttrinkern ein geringeres Herzinfarktrisiko, ohne dass sie diesen Vorteil mit nennenswerten Nachteilen erkaufen müssen. Eine Ausnahme bilden Leberkranke und ehemalige Alkoholiker: Für sie sind selbst derart geringe Mengen tabu.

Auch der regelmäßige Wenigtrinker sollte allerdings beachten, dass Gewohnheiten dazu neigen, sich unmerklich auszudehnen. Aus einem Glas werden manchmal leicht zwei und vielleicht sogar drei. Bei ansteigenden Trinkmengen beginnen die Nachteile schnell die Vorteile zu überrunden. Männer, die regelmäßig 60 bis 80 Gramm reinen Alkohol – das entspricht etwa einer 0,75 l-Flasche Wein oder drei bis vier Flaschen Bier – am Tag konsumieren, riskieren auf Dauer auch ohne Suchtentwicklung einen schweren Leberschaden. Zusätzlich steigt auch das Krebsrisiko, vor allem für Mund-, Kehlkopf- und Speiseröhrenkrebs. Nicht zuletzt kann schon bei diesen Mengen auch die Potenz in Mitleidenschaft gezogen werden.

Der weibliche Körper verträgt noch ungleich weniger. Bei Frauen siedeln die Experten die leberkritische tägliche Alkoholmenge bereits bei 20 bis 30 Gramm an.

Wer glaubt, auf seine täglichen Biere nicht verzichten zu können, sollte zwischendurch des öfteren mal ein gut gekühltes alkoholfreies versuchen. Vielleicht kann er damit leichter unter der kritischen Grenze bleiben.

»TESTWOCHEN«

Wer regelmäßig die oben genannte, der Gesundheit eher zuträgliche Menge (ein Viertelliter Wein oder ein halber Liter Bier, Frauen eher weniger) überschreitet, sollte versuchen, möglichst umgehend zu diesem unbedenklichen Maß zurückzukehren. Sind Sie dazu vorerst nicht bereit, sollten Sie zumindest einen schadensbegrenzenden Pakt mit sich schließen: Legen Sie jeden Monat wenigstens eine völlig alkoholfreie Woche fest. Während einer solchen Schonfrist kann sich die Leber etwas regenerieren, und die Auszeit ist ein guter Indikator für eine beginnende Suchtgefahr. Denn solange Sie die alkoholfreie Woche konsequent einhalten und problemlos überstehen, sind Sie von Alkoholabhängigkeit vorerst höchstwahrscheinlich nicht bedroht. Finden Sie dagegen immer wieder Ausreden, die Abstinenzwochen zu unterbrechen beziehungsweise zu verschieben, kann dies ein erstes Alarmsignal für eine beginnende Abhängigkeit sein.

Risikotrinker

Der Weg in die Alkoholabhängigkeit beginnt fast immer mit einem normalen Trinkverhalten. Die Gründe, warum dieses bei manchen Menschen entgleist, sind vielfältig und im Einzelfall nicht immer nachzuvollziehen. In den meisten Fällen handelt es sich sicher um ein ungünstiges Zusammentreffen von Persönlichkeitsfaktoren, Ereignissen in der Lebensgeschichte des Betroffenen, sozialem Umfeld und genetischer Veranlagung.

Selbst, wer nur gelegentlich von Problemen oder Ängsten zum Trinken verleitet wird, ist ein Risikotrinker. Er muss umgehend und notfalls mit psychotherapeutischer Hilfe lernen, seine Schwierigkeiten ohne Alkohol zu lösen.

Am meisten gefährdet sind so genannte Erleichterungstrinker. Sie nützen die entspannende Wirkung des Alkohols, um Abstand von aktuellen Problemen zu erlangen. Soweit dies nur sporadisch praktiziert wird, kann es lange Zeit oder sogar für immer gut gehen. Nehmen jedoch Probleme unerwartet überhand oder stellt sich eine außergewöhnlichen Dauerbelastung (wie etwa Scheidung, Arbeitslosigkeit) ein, wird der bewährte beruhigende Griff zur Flasche leicht zur Routine. Mit der alkoholbeflügelten Flucht vor der Wirklichkeit schafft man jedoch kein Problem aus der Welt, sondern verhindert eine konstruktive Lösung.

Keine Lösung für Probleme

Sobald die Wirkung des Alkohols nachlässt, wird der Erleichterungstrinker von den realen Erfordernissen immer wieder eingeholt und von einem zunehmenden Problemstau erdrückt. Der erneute Griff zur Flasche schließt einen Teufelskreis, in dem der Betroffene früher oder später untergeht. Da sich der Körper rasch an die Droge gewöhnt, werden immer größere Mengen erforderlich, um die gewünschte Betäubung zu erzielen. Die ursprünglichen beruflichen oder alltäglichen Probleme, die die Trinksucht vordergründig eingeleitet haben, verblassen schließlich vor dem ungleich schwerer wiegenden Problem der sich einstellenden Alkoholabhängigkeit. Sobald Alkohol Macht über einen Menschen gewinnt, verändert sich die Persönlichkeit des Betroffenen entscheidend. Er verdrängt, dass er schon zu viel trinkt und will eine beginnende oder bereits bestehende Abhängigkeit nicht wahrhaben. Je früher ein Süchtiger sich jedoch sein Alkoholproblem eingesteht, desto größer sind die Chancen, dass er sich mit ärztlicher und psychotheraputischer Hilfe wieder davon befreien kann.

Für Exalkoholiker sind wegen der hohen Rückfallgefahr selbst kleinste Mengen Alkohol tabu.

Erweiterte Hilfsangebote verbessern die Abstinenzchancen

Um eine fortgeschrittene Alkoholabhängigkeit zu überwinden, sind umfassende medizinische, psychologische und soziale Hilfestellungen unverzichtbar. Dennoch muss der Betroffene selbst die größte Leistung erbringen, und ein erfolgreicher Versuch setzt den unbedingten Willen zur Abstinenz voraus.

Im Gegensatz zum Nikotinentzug verursacht der akute Alkoholentzug zunächst oftmals massive körperliche Beschwerden. Die Entgiftung wird deshalb nach einer gründlichen Vorbereitung zumeist stationär in speziellen Fachkliniken durchgeführt und ist nach zwei bis vier Wochen beendet.

Um der hohen Rückfallgefahr entgegenzuwirken, muss sich eine Weiterbetreuung durch Psychotherapeuten, Sozialarbeiter übergangslos anschließen. Denn noch viele Monate bis Jahre nach dem Entzug können assoziative Reize, beispielsweise die Atmosphäre einer Kneipe, das Suchtgedächtnis des »trockenen« Alkoholikers aktivieren. Dem sich daraufhin einstellenden Trinkverlangen kann nur widerstehen, wer gelernt hat, damit umzugehen.

Spätestens dann, wenn die Gedanken häufig um das Thema Alkohol kreisen, sollten die Alarmglocken schrillen. Denn der Weg vom Gewohnheitstrinker zum Alkoholiker ist kürzer als mancher glaubt.

Alkoholkranke zu entgiften (= akute körperliche Entziehung) ist nur sinnvoll, wenn lückenlos anschließend eine psychosoziale Betreuung sichergestellt ist. Andernfalls ist ein Rückfall die Regel (so genannter Drehtüreffekt).

SIND SIE ALKOHOLGEFÄHRDET?

Mit dem nachfolgenden kurzen Test (nach Dr. Wolfgang H. Jost, Deutsche Klinik für Diagnostik, Wiesbaden) können Sie ihre eigene Situation rasch überprüfen. Antworten Sie bitte ehrlich mit ja oder nein.

Test

1. Trinken Sie täglich Alkohol?   ja ❐   nein ❐

2. Haben Sie oft Schwierigkeiten, mit dem Trinken aufzuhören, sobald Sie sich das erste Glas genehmigt haben?   ja ❐   nein ❐

3. Trinken Sie täglich mehr als 75 Milliliter (Frauen: 60 Milliliter) reinen Alkohol oder mindestens einmal pro Monat mehr als 150 Milliliter (Frauen: 120 Milliliter)? Hinweis: Ein Liter Bier enthält 40 Milliliter Alkohol, eine Flasche Wein 70 Milliliter und ein Gläschen Schnaps 16 Milliliter.   ja ❐   nein ❐

4. Wurden bei Ihnen Leberveränderungen oder Nervenschäden (Gefühlsstörungen) festgestellt, für die sich keine Ursache fand? ja ❐   nein ❐

5. Sind Sie schon mehr als einmal im Verlauf des letzten Jahres mit Erinnerungslücken aufgewacht, die den vorigen durchzechten Abend betrafen?   ja ❐   nein ❐

6. Haben Sie schon öfter versucht, morgendliches Zittern oder Brechreiz mit Alkohol zu behandeln?   ja ❐   nein ❐

7. Haben Sie wegen Alkohol schon Probleme mit der Polizei gehabt (wie etwa Alkohol am Steuer, Schlägerei in betrunkenem Zustand)?   ja ❐   nein ❐

SIND SIE ALKOHOLGEFÄHRDET?

8. Haben Sie wegen Alkohol schon Probleme mit Ihrem Arbeitgeber gehabt (häufige Krankheitstage, Abmahnung, Entlassung)? ja ❑ nein ❑

9. Haben Sie wegen Alkohol schon Probleme mit Ihrem Partner/Ihrer Partnerin, mit Familienmitgliedern oder Freunden gehabt (häufiger Streit, Trennung, Scheidung)? ja ❑ nein ❑

10. Wurden Sie schon von anderen darauf angesprochen, dass Sie zu viel Alkohol trinken? ja ❑ nein ❑

11. Waren Sie wegen ihres Trinkens oder wegen alkoholbedingter Verletzungen schon einmal im Krankenhaus? ja ❑ nein ❑

12. Denken Sie häufig tagsüber an Alkohol? ja ❑ nein ❑

13. Waren Sie jemals an zwei Tagen hintereinander wegen Alkohol entweder zu Hause oder am Arbeitsplatz nicht voll einsatzfähig? ja ❑ nein ❑

Es ist in Ihrem eigenen Interesse, wenn Sie sich die nebenstehenden Fragen ganz ehrlich beantworten und – falls erforderlich – rasch die notwendigen Konsequenzen ziehen.

Ein Ja bei den Fragen 3. und 4. zählt jeweils zwei Punkte, alle übrigen Ja-Antworten zählen je einen Punkt. Ab insgesamt vier Punkten besteht der Verdacht auf eine Alkoholkrankheit. Auch wenn es schwer fällt, sollten Sie mit Ihrem Arzt über Ihre Alkoholsucht sprechen. Sehen Sie sich dazu nicht in der Lage, können Sie sich telefonisch an die Anonymen Alkoholiker wenden. Diese anerkannte Selbsthilfeorganisation ist in jeder größeren Stadt unter der Rufnummer 19295 zu erreichen.

EIN MEDIKAMENT GEGEN DEN RÜCKFALL

Ergänzend zur psychotherapeutischen Nachbehandlung steht in Deutschland seit 1996 ein Medikament (Acamprosat) zur Verfügung, welches in den Gehirnstoffwechsel eingreift und auf biochemischem Weg das immer wieder aufkeimende Verlangen nach Alkohol abschwächt. Die Ergebnisse erster Studien sind beeindruckend: Im Vergleich zu nur psychotherapeutisch behandelten Alkoholsüchtigen konnte durch die zusätzliche einjährige Gabe dieses Medikaments der Anteil derer, die mindestens zwei Jahre trocken blieben, von 17 auf 40 Prozent gesteigert werden.

Abhängigkeit auf Rezept – Medikamentenmissbrauch

Während unter den Alkoholabhängigen die Männer überwiegen, ist Medikamentensucht mehrheitlich ein Frauenproblem. Etwa zwei Drittel aller Tablettenabhängigen sind weiblichen Geschlechts.

Manche Medikamente müssen langfristig, unter Umständen sogar lebenslang, eingenommen werden; dazu gehören Arzneimittel gegen Bluthochdruck, Zuckerkrankheit und eine Reihe weiterer chronischer Erkrankungen. Wer aber Medikamente deutlich länger oder höher dosiert als urprünglich vorgesehen einnimmt, handelt missbräuchlich und begibt sich auf ein gefährliches Gleis. Selbst unbedenklich erscheinende Präparate wie frei verkäufliche Kopfschmerz- und Erkältungsmittel können bei übermäßigem Gebrauch zu Abhängigkeit und schweren gesundheitlichen Schäden führen.

Von der Therapie in die Sucht

Die heute wohl am häufigsten missbrauchte Medikamentengruppe sind die Benzodiazepine. Verschiedene Vertreter dieser Gruppe finden als Schlaf- und Beruhigungsmittel (Tranquilizer) breite Verwendung (siehe auch Kapitel »Schlafstörungen«, Seite 10 ff). Eine Abhängigkeit von diesen Substanzen entwickelt sich in der überwiegenden Zahl der Fälle aus dem zunächst bestimmungsgemäßen Gebrauch. Sie werden hauptsächlich – und dabei vielfach zu großzügig – verordnet gegen vorübergehende Schlafstörungen oder um befristete Zeiten außergewöhnlicher Stressbelastungen leichter zu überstehen. Die im Beipackzettel vermerkte und hoffentlich auch vom Arzt betonte Vorgabe, diese Mittel nur kurzfristig einzusetzen, scheitert oft an einer simplen Tatsache: Allein durch die Einnahme werden weder die belastenden äußeren Umstände beseitigt noch erwirbt der Patient Fähigkeiten, mit diesen Umständen besser fertig zu werden. Unter dem Einfluss der Droge auf den Gehirnstoffwechsel wird lediglich eine künstliche Gelassenheit aufgebaut, die schnell zusammenbricht, wenn das beruhigende Medikament abgesetzt wird. Die Versuchung beim Patienten, sich diese »rosarote Brille für die Seele« immer wieder erneut aufzusetzen, ist natürlich groß.

Schmerzmittelmissbrauch ist eine der häufigsten Ursachen für dauerhaftes Nierenversagen mit anschließender Dialysepflicht. Übrigens: Schmerzmittel, die Koffein enthalten, provozieren öfter eine Abhängigkeit als solche ohne diesen Zusatz.

Statt besser wird es oft immer schlimmer

Hinzu kommt, dass sich der Körper oft rasch an Schlaf- und Beruhigungsmittel gewöhnt. Die ursprüngliche gewünschte Wirkung kann dann nur aufrechterhalten werden, wenn die Dosis ständig gesteigert wird. Versuche, das Medikament abzusetzen, werden nun zunehmend von Entzugserscheinungen in Form von extremen Schlafstörungen, starker innerer Unruhe und /oder Angstzuständen begleitet; ohne das Mittel auszukommen fällt dem Patienten somit immer schwerer. Die längerfristige Einnahme von Schlaf- oder Beruhigungsmitteln kann also eine Situation erzeugen, die schlimmer ist als die, welche ursprünglich zur Behandlung veranlasste. Immer wieder scheint für den Patienten nur ein erneuter Griff zur Pille Abhilfe zu schaffen – die verhängnisvolle Spirale in die Abhängigkeit dreht sich immer weiter, bis die Sucht nicht mehr beherrscht werden kann.

Schlaf- und Beruhigungsmittel- missbrauch kann längerfristig zu schweren Gedächt- nisstörungen führen.

Um den steigenden – rezeptpflichtigen – Bedarf zu decken, gibt der Süchtige vor, volle Tablettenschachteln angeblich immer wieder zu verlieren. Er brauche deshalb schon wieder eine neue. Andere konsultieren verschiedene Ärzte, die voneinander nichts wissen.

Wie immer: Vorbeugen ist leichter als heilen

Wer sich in der geschilderten oder einer ähnlichen Situation wieder erkennt, braucht ärztliche und psychotherapeutische Hilfe. Die Chancen, unter kompetenter Anleitung eine Medikamentenabhängigkeit zu überwinden, stehen sehr gut. Je früher Sie damit beginnen, desto besser sind die Heilungschancen. Sprechen Sie offen mit einem Arzt über ihr Problem.

Um erst gar nicht von Schlaf- oder Beruhigungsmitteln abhängig zu werden, sollten Sie folgende Regeln beachten:

✳ Der Griff zur Pille stellt bestenfalls eine kurzfristige Notlösung dar. Anstatt die Psyche chemisch zu dämpfen, sollten Sie seelische Belastungen abbauen.

✳ Wenn in Zeiten akuter, befristeter Belastungsspitzen dennoch ein Schlaf- oder Beruhigungsmittel verschrieben wurde, halten Sie sich unbedingt an die Anweisungen des Arztes!

✳ Beruhigungs- und Schlafmittel abzusetzen gelingt leichter, wenn die Dosis über mehrere Tage langsam reduziert und man die Medikamentengabe nicht plötzlich stoppt.

Das Wichtigste auf einen Blick

1. Von Nikotin, Alkohol und missbräuchlich eingenommenen Medikamenten sind weit mehr Menschen abhängig als von illegalen Drogen. Rauchen und exzessiver Alkoholgenuss sind allein in Deutschland verantwortlich für den vorzeitigen Tod von jährlich 140 000 Menschen.

2. Die ersten Zigaretten im Leben schmecken fast keinem. Das Bedürfnis zu Rauchen muss also immer erst gegen den anfänglichen Widerstand des Körpers entwickelt werden. Mit dem Rauchen erst gar nicht anzufangen wäre leicht, aufhören ist schwer.

3. Eine wirksame Motivation für Aufhörwillige stellen sofort eintretende Verbesserungen dar: Schon wenige Minuten nach der wirklich letzten Zigarette beginnt im Körper eine lange Kette von gesundheitsförderlichen Veränderungen.

4. Eine Verhaltenstherapie in Kombination mit einem Nikotinpflaster ist die bislang erfolgreichste Strategie, dauerhaft zum Nichtraucher zu werden.

5. Alkohol ist die Volksdroge Nummer eins. Fast jeder Erwachsene trinkt gelegentlich. Wer hier die Grenze zur Sucht überschreitet, setzt nicht nur seine Gesundheit, sondern auch seine Familie und seinen Arbeitsplatz aufs Spiel.

6. Menschen, die unter Belastung Erleichterung im Alkohol suchen, sind besonders gefährdet, in die Abhängigkeit zu entgleisen.

7. Je früher sich Alkoholabhängige ihre Sucht eingestehen und Hilfe beim Arzt, Psychotherapeuten und /oder in einer Selbsthilfegruppe suchen, desto besser stehen die Chancen, dauerhaft wieder »trocken« zu werden.

8. Sobald Medikamente länger und /oder höher dosiert eingenommen werden als vom Arzt verordnet, besteht Verdacht auf eine beginnende Abhängigkeit.

9. Statt voreilig zu Schlaf- und Beruhigungsmitteln zu greifen, sollte immer versucht werden, die belastenden Umstände zu verändern.

Ehrlichkeit sich selbst und dem eigenen Verhalten gegenüber ist der erste Ansatz für eine mögliche Suchttherapie. Wer ohne Zigarette und Alkohol keinen geselligen Abend übersteht, tut gut daran, regelmäßig abstinente Tage einzulegen.

Wenn Ängste das Leben beherrschen

Auch scheinbar alltägliche Situationen können bei Betroffenen Angstzustände auslösen.

In seiner ursprünglichsten und schon im Tierreich beobachtbaren Form ist Angst eine Schutzreaktion. Sie veranlasst ein Individuum, gefährliche Situationen zu meiden oder ihnen zu entfliehen. Neben derart nützlichen Ängsten findet sich bei nahezu allen Menschen ein mehr oder weniger breites Spektrum von weitgehend unbegründeten Ängsten, die überhaupt keine sinnvolle Funktion besitzen. Über einige dieser irrationalen Ängste kann sogar der Betroffene lachen, oft aber sind sie lästig. In manchen Fällen werden sie zur schweren Bürde, die die Lebensqualität erheblich einschränkt. Der Übergang von noch »normalen« Ängsten zu schweren Angststörungen ist fließend. Abfinden muss man sich aber weder mit unbegründeten alltäglichen noch mit krankhaften Ängsten.

Angst und Gefahr passen oft nicht zusammen

Erste Hilfe bei akuter Versagensangst: Mehrmals tief durchatmen.

Je größer und realer eine Gefahr, desto stärker ist die damit verbundene Angst. Angstmuster, die diesen auf den ersten Blick nahe liegenden Zusammenhang haben, sind heute jedoch eher die Ausnahme als die Regel. Denn allzu oft fürchten wir objektiv harmlose oder äußerst unwahrscheinliche Situationen, während wir vor tatsächlichen Gefahren überraschend gelassen die Augen verschließen. Dazu drei Beispiele:

1. Aus Angst vor dem Rinderwahnsinn verzichtet so mancher auf sein Steak und vielleicht sogar auf Milchprodukte. Gleichzeitig lässt er sich seine Zigaretten schmecken und nimmt damit ein weitaus größeres Risiko für Leib und Leben in Kauf.

2. Die Gefahr, einen tödlichen Autounfall zu erleiden, ist deutlich größer, als vom Blitz erschlagen zu werden. Dennoch fürchten sich mehr Menschen vor einem Gewitter als vor der Autobahn.

3. Der Gedanke, nachts allein in einem dunklen Wald spazieren zu gehen, ist für die meisten beängstigender als die Vorstellung, zu später Stunde allein eine Großstadtstraße entlang zu gehen. Dabei ist laut Kriminalstatistik der Wald sicherlich der ungefährlichere Ort.

Angstmanipulationen

Diese und viele andere Beispiele belegen: Zu einem Großteil entsprechen unsere Ängste nicht einer objektiven Gefahr, sondern sie sind das Resultat einer äußerst subjektiven gedanklichen Verarbeitung. Negative Anregungen erhalten wir dabei vor allem aus den Medien. Zeitungen und Fernsehen tragen alltäglich Naturkatastrophen, tragische Einzelschicksale, Verbrechen und andere schockierende Ereignisse aus aller Welt konzentriert in unsere Wohnzimmer. Dabei ist von weniger seriösen Magazinen ein sensations- und damit die Auflagen beziehungsweise Einschaltquoten steigerndes Erzeugen von Angstgefühlen durchaus gewollt. Denn erfahrungsgemäß lassen sich damit mehr Leser beziehungsweise Zuschauer anlocken als mit einer Berichterstattung, die versucht, keine unnötigen Ängste aufzubauen.

Doch selbst objektiv informierende Sendungen können Ängste provozieren. So mehrt nahezu jeder Beitrag in einem Gesundheitsmagazin die Zahl jener, die befürchten, an der jeweils vorgestellten Krankheit zu leiden.

Auch die ständig auf uns niederprasselnde Informationsflut der Medien vermag Ängste zu wecken. Manchmal ist die Berichterstattung von weniger seriösen Sensationsblättern und -sendern gerade darauf angelegt, bei den Konsumenten eine Gänsehaut zu erzeugen.

ÄNGSTE RELATIVIEREN

Bevor Sie eine Meldung über Gebühr beunruhigt, sollten Sie versuchen, die angstauslösende Bedrohung zu relativieren. Versuchen Sie also, realistisch einzuschätzen, wie sehr die Sie ängstigende Tatsache/das Sie ängstigende Ereignis Sie in Wirklichkeit bedroht. Oft verliert sie dann rasch an Schrecken.

Stellen Sie sich Fragen wie:

✳ Ist das beunruhigende Ereignis in meiner Umgebung beziehungsweise auf mich bezogen überhaupt möglich?

✳ Wenn ja, mit welcher Wahrscheinlichkeit?

✳ Kenne ich persönlich jemanden, den das Schicksal, welches ich gerade befürchte, ereilt hat?

✳ Wie gefährlich ist die gefürchtete Bedrohung im Vergleich zu sonstigen Risiken, denen ich tagtäglich völlig gelassen gegenüberstehe (wie etwa dem Rauchen, Autofahren usw.)?

✳ Selbst wenn die Möglichkeit besteht, dass ich vielleicht irgendwann diese oder jene Krankheit bekommen, diesen oder jenen Schicksalsschlag erleiden werde – was bringt es mir, wenn ich mich schon jetzt fürchte? Sollte ich nicht lieber genießen, dass es mir im Augenblick gut geht?

Wer sich von scheinbaren Ängsten überwältigen lässt, hat schon verloren. Bewahren Sie sich die Fähigkeit, die reale Situation einzuschätzen und eventuell aufkommende Angstgefühle zu relativieren.

Akute Angstreaktionen

In akuten Angstsituationen spielen Psyche und Körper scheinbar verrückt. Der Organismus schüttet Stresshormone aus, Herzschlag und Atmung werden schneller und kräftiger, der Blutdruck steigt, und man wird trotzdem blass oder bekommt die sprichwörtlichen kalten Füße und Hände. Manche verspüren sogar den Drang, Darm oder Blase zu entleeren: Man macht sich vor Angst (fast) in die Hose. Die Fähigkeit zum logischen Denken und überlegten Handeln ist reduziert.

All diese Angstreaktionen sind unser evolutionäres Erbe aus einer Zeit, als der Mensch noch in einer unwirtlichen Natur den täglichen Kampf ums Überleben führte. Auge in Auge mit einem gefährlichen Tier oder einem feindlichen Artgenossen verbesserten die genannten Körperreaktionen die Chancen zu fliehen und in auswegslosen Situationen auf einen Verzweiflungsangriff: Stresshormone und das Ansteigen von Herzschlag und Blutdruck rüsten den Körper zur Höchstleistung. Die Haut wird blass, Hände und Füße werden kalt, weil sich die oberflächlichen Blutgefäße zusammenziehen. Damit soll größeren Blutverlusten bei etwaigen Verletzungen vorgebeugt werden. Das Denken konzentriert sich auf die ehedem lebenswichtige Entscheidung: Flucht oder Verteidigung und blendet in dieser Situation nur störende höhere geistige Leistungen vorübergehend aus.

Veränderte Angstsituation, gleiche Angstreaktion

Was für unsere Vorfahren lebenswichtig war, stellt sich heute leider oft als hinderlich heraus. Denn der moderne Mensch hat sich nicht mehr vor wilden Tieren zu fürchten. Vielmehr packt die Angst ihn im Vorzimmer des Personalchefs, in einer Prüfung, vor versammeltem Publikum, das eine gute Rede erwartet, oder in anderen Stressszenarien der heutigen Leistungsgesellschaft. Unsere genetisch verankerten Angstreaktionen haben sich aber diesen neuen Umständen noch nicht angepasst. Auch wenn wir heute nicht mehr um das nackte Überleben zittern, sondern nur noch um einen besser dotierten Job, um das Bestehen einer Prüfung, um Lob und Tadel oder vor einer möglichen Blamage, werden auch dann vielfach die alten Muster des Angstverhaltens ausgelöst. Nur schaden diese nun weit mehr als sie nützen. Denn statt körperlicher Höchstleistung für Flucht oder Angriff sind jetzt geistige Brillanz und

Wer in Prüfungen oder ähnlichen Stresssituationen Blut und Wasser schwitzt, sollte sich immer wieder klar machen, dass er sich in einer letztendlich ungefährlichen Situation (Leib und Leben betreffend) befindet. Manchmal flaut schon allein dadurch die Angst etwas ab.

schlagfertige Antworten gefragt. Gerade diese Fähigkeiten werden aber durch Angst beeinträchtigt. Die spürbaren Folgen reichen von einer mehr oder weniger gut beherrschbaren Aufregung bis hin zum völligen geistigen Blackout. Im Extremfall kann so allein schon die Versagensangst bewirken, dass jemand in entscheidenden Situationen tatsächlich versagt.

Gerade junge Menschen haben häufig mit Versagensängsten zu kämpfen, beispielsweise wenn es darum geht, innerhalb einer als wichtig erachteten Gruppe zu bestehen.

Von der akuten Versagens- zur andauernden Erwartungsangst

Versagensängste belasten nicht nur in der akuten Auslösersituation. Prüfungen, Vorstellungsgespräche oder Ähnliches vor Augen, kann sich schon Tage bis Wochen vor dem eigentlichen Termin eine mehr oder weniger starke Erwartungsangst einstellen. Mögliche Folgen eines solchen Dauerstresses sind Nervosität, erhöhte Reizbarkeit und Schlafstörungen. Bei manchen wird die oft auch als Lampenfieber bezeichnete Erwartungsangst so stark, dass der Betroffene Situationen, vor denen diese Angst erfahrungsgemäß eintritt, schließlich meidet. Unter Umständen werden damit berufliche und auch private Entfaltungsmöglichkeiten erheblich beschnitten. So verzichten viele Menschen zum Beispiel auf Fortbildungsmaßnahmen, da die dort üblichen mündlichen Prüfungen, Wortmeldungen oder Referate als unüberwindliche Hindernisse empfunden werden. So weit muss es jedoch nicht kommen. Gegen Ängste kann man erfolgreich angehen.

Angst schwindet mit der Routine

Neben Veranlagung, bisherigen Erfolgs- und Misserfolgserfahrungen und dem aufgabenspezifischen Wissen entscheidet vor allem die Routine, ob jemand selbstbewusst oder angstvoll eine Bewährungsprobe wie etwa eine mündliche Prüfung, einen Vortrag oder auch nur einen Behördengang antritt. Glücklicherweise kann man Routine, was nichts anderes bedeutet als die Gewöhnung an eine bestimmte Situation, zu jeder Zeit erlernen und ausbauen. Das bedeutet hier: Die Erfolg versprechendste Strategie, um Versagens- und Erwartungsängste abzubauen, ist, sich so oft wie möglich den Angst machenden Situationen auszusetzen. Wenn Sie sich grundsätzlich scheuen, im Zentrum der Aufmerksamkeit zu stehen, üben Sie als Erstes, Zentrum der Aufmerksamkeit zu sein – und zwar möglichst oft und wirklichkeitsnah. Mit etwas Fantasie finden sich zahllose gefahr- und kostenlose Trainingsgelegenheiten:

Anti-Angst-Training Stufe I

✳ Fragen Sie in der Fußgängerzone einer fremden Stadt Passanten nach lokalen historischen Gebäuden, welche Sehenswürdigkeiten der Ort zu bieten hat oder wo man billig beziehungsweise besonders gut essen könnte.

✳ Gehen Sie in Reisebüros und lassen Sie sich Ferienangebote verschiedener Preiskategorien unterbreiten (Sie müssen ja nicht buchen).

✳ Lassen Sie sich in der Bekleidungsabteilung eines großen Kaufhauses beraten, welcher Mantel oder welches Kleid zu Ihnen passen würde. Probieren Sie an, ohne zu kaufen.

✳ Gehen Sie in ein Versicherungsbüro und fragen Sie nach Umfang, Preis und Notwendigkeit verschiedener Versicherungen. Wenn Sie genug gehört haben, verabschieden sie sich mit dem Hinweis, sie müssten noch andere Angebote einholen oder bedanken Sie sich ganz einfach für die Informationen.

Wer mit unbegründeten Ängsten besetzten Situationen immer wieder ausweicht, droht stetig ängstlicher zu werden. Dagegen verliert sich oft die Angst mit der Zeit, wenn man ihr immer wieder ins Auge schaut. Ein ähnlicher Angstbeherrschungseffekt wurde übrigens mit den in nahezu allen Kulturen bekannten Mutproben verfolgt.

✳ Besuchen Sie ein Autogeschäft und zeigen Sie unverbindliches Interesse an einem Neuwagen. Wenn Ihnen nicht schon bei der Beratung das Herz bis zum Halse schlägt und Sie einen Führerschein besitzen, steht sogar einer Probefahrt nichts im Wege. Danach verabschieden Sie sich mit der Bitte um Bedenkzeit und dem Hinweis, dass sie sich eventuell wieder melden.

✳ Wer in der S-Bahn in eine Fahrscheinkontrolle gerät, kann sogar diese Gelegenheit zum Training nützen: Man weiß, wo der Fahrschein steckt, sucht aber möglichst lange danach. Fortgeschrittene Angstbewältigungsschüler unterhalten sich dabei angeregt mit dem Kontrolleur.

✳ Gehen Sie – nicht unbedingt zur Hauptessenszeit – in ein Restaurant und setzen Sie sich an einen Tisch für mindestens vier Personen. Ordern Sie lediglich ein Getränk und erklären Sie dem Kellner, dass Sie noch drei Gäste erwarten und mit der Essensbestellung bis zu deren Ankunft warten wollen. Nach einer halben Stunde geben Sie vor, dass Sie versetzt worden sind oder der Treffpunkt missverständlich vereinbart worden war. Je nach Laune essen Sie nun alleine oder Sie zahlen Ihr Getränk und gehen.

Trainieren Sie ruhig zwei- bis dreimal pro Woche in unterschiedlichen Situationen, Ihre unbegründeten Ängste unter Kontrolle zu bringen. Sie merken dann selbst bald, dass das Angstgefühl von Mal zu Mal schwächer wird.

Beginnen Sie mit dem Beispiel, welches Ihnen am wenigsten Schwierigkeiten bereitet. Da sich anfängliche Hemmschwellen unter anonymen Bedingungen leichter überwinden lassen, wählen Sie statt Ihrem Heimatort die nächste Großstadt als Übungsfeld.

Wenn Sie die vorgeschlagenen oder vergleichbare Trainingsaufgaben ein- bis zweimal pro Woche durchführen, werden Sie in aller Regel schon nach kurzer Zeit merken, dass das damit verbundene Peinlichkeits- oder Angstgefühl von Mal zu Mal schwächer wird. Sie werden sich bald schon auch an schwierigere Übungssituationen wagen, wie etwa die folgenden:

Anti-Angst-Training Stufe II

✳ Besuchen Sie Bürgerversammlungen oder andere öffentliche Veranstaltungen und melden Sie sich mit einer Frage oder vielleicht sogar einem Kommentar zu Wort.

✳ Auch wenn Sie im Moment gar keinen neuen Arbeitsplatz suchen: Studieren Sie Stellenangebote und führen Sie hin und wieder ein telefonisches oder auch persönliches Bewerbungsgespräch. Üben Sie, sich gut zu verkaufen. Für den Fall einer Zusage könnten Sie jederzeit mit den üblichen Begründungen ablehnen (Gehalt nicht den eigenen Vorstellungen entsprechend, Sie haben sich anderweitig entschieden usw.).

✳ Schließen Sie sich einem politischen Arbeitskreis, einer Naturschutzvereinigung oder einer sonstigen Interessengruppe an und übernehmen Sie dort hin und wieder ein Referat.

Stufenweise kann man das Anti-Angst-Training ausbauen und so allmählich nicht nur unbegründete Ängste überwinden, sondern ein völlig neues Selbstbewusstsein erlangen. Ein Versuch lohnt immer.

»Angstspiele«

Vielleicht erinnern Sie sich noch, wie Sie als Kind das erste Mal im Freibad vom Ein-, Drei- oder Fünfmeterbrett ins Wasser gesprungen sind. Wohl die meisten mussten dabei zunächst ein mulmiges Gefühl überwinden. Beim zweiten und dritten Sprung klappte es schon erheblich besser, und irgendwann konnte man sich die anfängliche Angst gar nicht mehr richtig vorstellen. Ähnlich wird es Ihnen gehen, wenn Sie die in diesem Kapitel empfohlenen Angstbewältigungsübungen – trotz eines zunächst großen Unbehagens und gegen alle Bedenken – in Angriff nehmen.

Angst zu erleben und sie dabei zu überwinden kann sogar Spaß machen. Beweis dafür ist auch die Beliebtheit von Jahrmarktattraktionen wie Achterbahnen und Loopinggondeln, ebenso wie von Bungeejumping oder einigen Risikosportarten. Auch die hier gesuchte, gewissermaßen gewollte Angst beziehungsweise der damit verbundene Reiz schwächen sich durch Gewöhnung ab, weshalb sich manche Menschen immer extremeren »Angstspielen« zuwenden und dabei dann womöglich sogar reale Gefahren für Leib und Leben aus dem Auge verlieren. Ein trauriges Beispiel für derart destruktive Entgleisungen ist das so genannte S-Bahn-Surfen, welches immer wieder jugendliche Todesopfer fordert.

Seminare für Selbstsicherheitstraining

Natürlich sind nicht alle Ängste grundlos. Es wäre höchst gefährlich, wirkliche Risiken zu unterschätzen und Tollkühnheit mit Mut zu verwechseln. Unsere begründeten Ängste können uns vor Gefahren bewahren.

»Mehr Selbstsicherheit gewinnen«, »Versagens- und Erwartungsängste abbauen«, »Perfekt in freier Rede«: Mit solchen und ähnlichen Versprechungen bieten inzwischen zahlreiche Einrichtungen wie Volkshochschulen, Managementtrainer und sonstige psychologisch mehr oder weniger geschulte professionelle Angstbewältiger kostenpflichtige Seminare an. Zwar bekommen die Teilnehmer im Verlauf derartiger Schulungen oft ein umfassendes theoretisches Hintergrundwissen und gezielte strategische Tipps für einen angstfreieren Alltag vermittelt. Entscheidend für den Erfolg ist jedoch auch hier vor allem die Gewöhnung an angstbesetzte Situationen. Wer etwa zum ersten Mal vor den kritischen Augen des Übungsleiters und seiner Mitteilnehmer ein Referat halten muss, fühlt sich dabei meist ähnlich gestresst, wie wenn er eine solche Aufgabe im »richtigen« Leben absolvieren müsste. Im Laufe des Seminars bewältigt der Teilnehmer Referate und sonstige Übungsaufgaben jedoch erfahrungsgemäß immer entspannter. Er gewinnt rasch eine Routine, die ihn nun auch angstbesetzte Anforderungen in Alltag und Beruf leichter bestehen lässt.

Wenn Sie von Schüchternheit, Furcht vor Blamagen, Versagens- und damit verbundenen Erwartungsängsten betroffen sind und dies durch regelmäßiges Üben überwinden wollen, liegt es bei Ihnen, für welchen der hier erörterten Wege Sie sich entscheiden. Auch wenn die zuerst genannten Trainingsalternativen jederzeit und kostenfrei verfügbar sind, werden sich viele leichter zu einer Teilnahme an professionell geleiteten Seminaren entscheiden können. Falls Sie sich weder an den einen noch an den anderen Bewältigungsweg heranwagen, zugleich aber erheblich unter Ihrer Ängstlichkeit leiden, sollten Sie mit Ihrem Arzt die Möglichkeit einer psychotherapeutischen Lösung erörtern.

Wenn Spinnen in Panik versetzen

Manche ansonsten psychisch völlig stabil erscheinenden Menschen geraten in Panik, wenn sie eine Spinne erblicken. Andere wiederum lässt die Spinne völlig kalt, dafür versetzt sie eine Katze in hellste Aufregung. Wieder andere kommen im Alltag gut zurecht, würden aber niemals freiwillig in ein Flugzeug einsteigen.

Wenn es Ihnen trotz aller eigenen Bemühungen nicht gelingt, Ihre unbegründeten Ängste zu überwinden, sollten Sie psychotherapeutische Hilfen in Anspruch nehmen.

Eigentlich ist sie ein harmloses und durchaus nützliches Tier – die Spinne. Doch bei nicht wenigen Menschen ist sie zum Inbegriff von Angst- und Panikattacken geworden.

Bei diesen lediglich auf ein bestimmtes Objekt gerichteten Ängsten spricht der Fachmann von spezifischen Phobien. Dabei handelt es sich um mehr oder weniger massive Ängste vor bestimmten Tieren, Dingen oder auch Naturgewalten, von welchen ein nur sehr geringes oder gar kein objektives Gefahrenpotenzial ausgeht.

Phobien

Gegen Flugangst bieten die meisten Fluggesellschaften (z. B. Lufthansa) günstige oder sogar kostenlose verhaltenstherapeutisch orientierte Bewältigungsseminare an.

Die Angstreaktionen, die eine tatsächliche Konfrontation mit dem Objekt der Angst, also mit der Spinne, der Katze oder dem Flugzeug, auslöst, reichen von leichtem Unbehagen über Ekel bis hin zu extremer Panik. Menschen mit spezifischen Phobien sind deshalb bestrebt, Objekte ihrer Furcht zu meiden. Oft lässt sich dies sehr einfach durchführen, und die Angststörung ist dann kaum belastend. So wird, wer eine Schlangenphobie hat, in unseren Breiten nur selten zufällig in eine als bedrohlich empfundene Situation kommen – es gibt hier einfach kaum Schlangen. Er muss weder Umwege noch sonstige Unannehmlichkeiten in Kauf nehmen, um keiner Schlange zu begegnen. Wesentlich schwerer hat es dagegen ein Mensch mit Katzenphobie. Und für den von Flugangst besessenen wird seine Störung spätestens dann zum schwerwiegenden Problem, wenn private oder berufliche Erfordernisse plötzlich dazu zwingen, ein Flugzeug zu besteigen.

Reizkonfrontation lindert die Phobie

Sobald eine Phobie aufwendigere Bemühungen, das Angstobjekt zu umgehen, nach sich zieht, sollte der Betroffene etwas dagegen unternehmen. Gute Erfolge verspricht hier die verhaltenstherapeutische Methode der so genannten ansteigenden Reizkonfrontation. Während dieser Therapie wird der Angstpatient schrittweise an das Objekt seiner Angst gewöhnt und lernt so, sie zu überwinden.

URSACHEN SPEZIFISCHER PHOBIEN

Wie kommt es, dass erwachsene Menschen beim Anblick von völlig harmlosen Tieren, wie etwa Spinnen, in eine nicht oder kaum beherrschbare Angst verfallen? Die Antwort der Psychologen hängt hier wesentlich davon ab, welcher Theorie sie sich verpflichtet fühlen. So deutet die klassische Psychoanalyse spezifische Phobien als Folge unterdrückter und damit unbewusster Gefühle, Ängste und Konflikte. Eine damit belastete Psyche schafft sich danach gewissermaßen ein Ventil, indem sie verdrängte beunruhigende Regungen symbolhaft auf Spinnen oder andere an sich harmlose Objekte verlagert und damit greifbar macht. Solche theoretischen Schlussfolgerungen sind heute nicht unbestritten. Vor allem deshalb, weil sie der Eigeninitiative der Betroffenen zu wenig Raum lassen.

Wesentlich praktischer erklären dagegen verhaltenstherapeutisch orientierte Psychologen die Entstehung einer spezifischen Phobie. Ihrer Ansicht nach werden derart irrationale Ängste meist schon in der frühen Kindheit erlernt (konditioniert). So fürchtet sich jemand möglicherweise deshalb vor Spinnen, weil schon die Mutter Angst vor Spinnen hatte und sie diese Angst durch Worte oder ihr Verhalten an ihr Kind vermittelt hat.

Daneben sind aber auch weniger direkte Prozesse einer Angstkonditionierung denkbar. So kann ein Kind einen unangenehmen Reiz, etwa eine schmerzhafte und demütigende körperliche Bestrafung, mit einem dabei wiederholt zufällig anwesenden Objekt – etwa einer Katze – gedanklich verbinden und deshalb dieses Objekt zukünftig angstvoll betrachten.

Über acht Prozent aller Erwachsenen leiden an spezifischen Phobien wie etwa einer übersteigerten Angst vor Spinnen oder vor Gewitter. Vier bis acht Prozent werden von Panikattacken heimgesucht.

METHODE DER ANSTEIGENDEN REIZKONFRONTATION

1. Schritt: Therapeut und Patient führen (beruhigende) Gespräche über das Angstobjekt

2. Schritt: Betrachten von bebilderter Literatur über das Angstobjekt (etwa: ein Fachbuch über das Leben der Spinnen)

3. Schritt: Ansehen von Videos, in denen das Angstobjekt (auch in Großaufnahme) vorkommt

4. Schritt: Betrachten des Angstobjekts in natura, jedoch mit sicherem Abstand (etwa: Spinne in einem Glas)

5. Schritt: Berühren des Angstobjekts in Anwesenheit des Therapeuten

6. Schritt: Berühren des Angstobjekts in Abwesenheit des Therapeuten

Der jeweils nächste Schritt findet erst statt, wenn der vorhergehende weitgehend angstfrei bewältigt wurde. In schwereren Fällen sollten alle Schritte nur unter Anleitung eines erfahrenen Verhaltenstherapeuten erfolgen. Bei weniger starken Phobien kann die geschilderte Bewältigungstechnik auch allein oder mit Hilfe eines guten Freundes versucht werden.

Panikattacken – die Angst vor der Angst

Von Angststörungen sind Frauen etwa doppelt so oft betroffen wie Männer.

Panikattacken überfallen den Betroffenen scheinbar aus heiterem Himmel und ohne erkennbaren Anlass. Plötzlich und unerwartet wird der Patient von Symptomen wie Herzrasen, Hitzewallungen, Beklemmungsgefühle und Schmerzen in der Brust, Zittern, Benommenheit, Atemnot und Schwindel heimgesucht. Obwohl die Patienten organisch meist völlig gesund sind, verspüren sie während eines Anfalls massive Besorgnis bis hin zur Todesangst. So befürchten viele, dass das Herz stehen bleibt, dass sie ersticken oder verrückt werden. Nach wenigen Minuten bis maximal einer Stunde ist der Anfall vorbei. Was bleibt, ist die Angst vor der nächsten Attacke. Eine Angst, die zu Recht besteht. Denn bis zu 50 Prozent all jener, die einmal eine derartige Panikattacke ohne erkennbaren äußeren Anlass erlebt haben, müssen tatsächlich mit Wiederholungen rechnen. Je öfter ein Betroffener schon von einer solchen Attacke heimgesucht wurde, desto wahrscheinlicher ist es, dass Häufigkeit und Schwere der Anfälle zunehmen.

Schwierige Diagnose

Trotz oder gerade wegen ihrer bedrohlich wirkenden Symptome werden Panikattacken oft fehlgedeutet. So mancher Betroffene wurde bereits mehrmals mit Verdacht auf Herzinfarkt in die Intensivstation eingeliefert, bevor schließlich die richtige Diagnose erfolgte. Nach Auskunft des Münchner Angstforschers Professor Ulrich Wittchen dauert es durchschnittlich sieben Jahre, bis wiederholt auftretende Panikattacken als Ausdruck einer psychisch bedingten Angststörung erkannt und einer wirksamen Behandlung zugeführt werden.

Die gefürchtete Platzangst

Panikanfälle treten gehäuft an Orten oder in Situationen auf, aus denen sich der Betroffene nicht unauffällig zurückziehen, von denen er nicht »fliehen« kann; so beispielsweise in öffentlichen Verkehrsmitteln, in Veranstaltungen, im Aufzug, am Arbeitsplatz oder manchmal auch schon in der Schlange vor der Kaufhauskasse. Wer bereits einmal einen Panikanfall erlitten hat, fürchtet sich nun erfahrungsgemäß besonders an Orten oder in Situationen, die denen des ersten Anfalls gleichen, vor einer erneuten Attacke. Allein schon diese negative Erwartungshaltung und die damit verbundene Anspannung führen oft dazu, dass tatsächlich genau dann eine erneute Panikwelle heranrollt. Um dem in Zukunft zu entgehen, versuchen die Be-

Menschen, die unter krankhaft übersteigerten Angststörungen wie Panikattacken oder Phobien leiden, entwickeln im weiteren Lebensverlauf rund achtmal so häufig wie der Bevölkerungsdurchschnitt Depressionen. In Fachkreisen wird daher vermutet, dass zwischen Angststörungen und Depressionen eine ursächliche Verwandtschaft besteht.

troffenen, Orte oder Situationen, welche sie mit den Angstan-fällen verbinden, zu meiden. Damit hat sich eine zusätzliche si-tuationsspezifische Angststörung, deren bekannteste Variante die Platzangst ist, entwickelt.

PLATZANGST

Der von dieser Angststörung Betroffene fürchtet sich nicht unbedingt vor den von ihm gemiedenen Orten und Situationen selbst, sondern vielmehr vor der dort erwarteten Angstattacke.

Da es schwierig ist, solche öffentlichen Orte oder Situationen vollständig zu meiden, ist der Patient immer wieder von situationsabhängigen Panikattacken bedroht. Zwanghafte Ausweichversuche haben mitunter auch zur Folge, dass sich die Angstanfälle auf immer neue und bislang unbelastete Orte/Situationen ausdehnen. Der Vermeidungsspielraum wird damit zunehmend kleiner, und manche Menschen wagen schließlich kaum noch die eigene Wohnung zu verlassen.

Strategien gegen Panikanfälle

Als Erstes zum Arzt

Jeder, der bereits zum wiederholten Mal einen Panikanfall erlitten hat, sollte als Erstes einen Allgemeinarzt oder Internisten aufsuchen. Denn gelegentlich verstecken sich hinter Symptomen, die denen einer Panikattacke sehr ähnlich sind, ernstere und möglichst umgehend zu behandelnde körperliche Erkrankungen wie beispielsweise Herzrhythmusstörungen, Bluthochdruck oder eine Schilddrüsenüberfunktion. Sind solche und andere organische Krankheiten ausgeschlossen und damit die Panikanfälle als weitgehend psychisch bedingt gesichert, bietet sich eine Reihe von Strategien an, das Problem in den Griff zu bekommen. Die meisten Betroffenen bedürfen da-

Hinter manchen Angstanfällen bzw. Panikattacken können organische Störungen oder Erkrankungen stecken, z. B. Herzrhythmusstörungen, Bluthochdruck oder Schilddrüsenfunktionsstörungen. Solche auslösenden Ursachen müssen vom Arzt ausgeschlossen werden, bevor man weitere Behandlungsschritte einleitet.

zu jedoch psychotherapeutischer Unterstützung und sollten daher ihren Arzt um eine entsprechende Überweisung bitten.

Panikattacken sind ebenso wie alle anderen Angststörungen eine Domäne der Verhaltenstherapie. Oft genügen wenige Stunden bei einem entsprechend ausgebildeten Arzt oder Psychologen, um krankhafte Ängste auf ein erträgliches Niveau zu reduzieren oder gar gänzlich verschwinden zu lassen.

Immer wieder den harmlosen Charakter vergegenwärtigen

Trotz der subjektiv als dramatisch empfundenen körperlichen und emotionalen Erregung geht von einem Panikanfall nicht die geringste Gefahr für Leib und Leben aus. Das während der Attacke aufgewühlte Nervensystem gaukelt lediglich Gefahren vor, die real nicht bestehen. Wer sich als Betroffener diese in vielen Untersuchungen bestätigte Tatsache immer wieder klarmacht, hat schon allein dadurch gute Chancen, Häufigkeit und Schwere von Panikanfällen zu reduzieren.

Wichtig ist, sich immer wieder klarzumachen, dass die eingebildeten Gefahren in Wirklichkeit nicht bestehen: Ganz anders als befürchtet, wird man während einer Angstattacke nicht ohnmächtig, man gerät nicht wirklich in Atemnot und auch das Herz bleibt keineswegs stehen.

Die Auseinandersetzung in einer Selbsthilfegruppe oder einer Gruppentherapie kann vielfach bei akuten Angstzuständen weiterhelfen. Mitunter reicht es schon aus festzustellen, dass man mit seinem Problem nicht allein ist.

»IMMER WÄHREND EINES KONZERTS ...«: EIN BETROFFENER BERICHTET

Wie der nebenstehende authentische Fallbericht zeigt, erweisen sich manche vermeintlichen körperlichen Störungen als Angstattacken. Wenn das dem Betroffenen klar wird, verringern sich die Beschwerden zusehends und verschwinden schließlich ganz.

»Es war kurz nach meinem 36. Geburtstag. Ich saß als Musikkritiker in einem Konzert, als mich plötzlich ein Unruhegefühl mit Herzklopfen und Schweißausbruch überfiel. Als starker Raucher hatte ich immer latente Angst vor einem Herzinfarkt und jetzt, dachte ich, ist es so weit. Ich verließ den Konzertsaal, und die Beschwerden verschwanden ebenso überraschend, wie sie gekommen waren. Beim – für mich als Musikjournalist unausweichlichen – nächsten Konzertbesuch das gleiche Spiel. Obwohl mir der daraufhin konsultierte Arzt ein gesundes Herz bestätigte, wurde von nun an jeder Konzertbesuch zur Folter. Ich versuchte grundsätzlich, mich möglichst nahe am Eingang zu platzieren, ich brauchte einen Fluchtweg. Anstatt der Musik zu lauschen, hörte ich in mich hinein und wartete auf den nächsten ›Herzanfall‹. Manchmal kamen die Symptome, manchmal blieben sie aus. Wenn ich auf Kaffee und Zigaretten verzichtete, standen die Chancen besser, ohne Anfall über die Runden zu kommen. Diese Beobachtung bestärkte mich in dem Glauben, doch herzkrank zu sein.

Hilfe erfuhr ich nach mehreren Monaten durch einen Arzt, der meine Attacken als Angststörung erkannte. Er klärte mich über die objektive Harmlosigkeit der Beschwerden auf und riet mir, die nächste Attacke mit diesem Wissen gelassen über mich ergehen zu lassen – einfacher gesagt als getan, aber irgendwie gelang es doch. Tatsächlich wurden die Anfälle im weiteren Verlauf seltener und verschwanden schließlich ganz.«

Erhard S., 41 Jahre

Verzicht auf Kaffee und Nikotin

Neueren psychologisch-medizinischen Forschungsergebnissen zufolge werden Panikanfälle durch ein übererregtes sympathisches Nervensystem beziehungsweise eine erhöhte psychische Anspannung begünstigt. Nikotin und Koffein wirken bekanntermaßen anregend, was nichts anderes bedeutet, als dass diese Genussgifte das sympathische Nervensystem zusätzlich stimulieren und die Kurve innerer Anspannung in die Höhe treiben. Personen, die zu Panikanfällen neigen, sollten daher auf Tabak und Kaffee verzichten und können so die Häufigkeit der Attacken senken. Auch alle anderen Maßnahmen zur Beruhigung des sympathischen Nervensystems können dazu beitragen, Panikattacken vorzubeugen: Neben gezielten Entspannungsübungen wie autogenem Training oder der Progressiven Muskelentspannung nach Jacobson haben sich auch hier Ausdauersportarten wie das Laufen bewährt.

Alle Formen des Entspannungstrainings und viele Ausdauersportarten sind geeignet, das sympathische Nervensystem zu beruhigen und damit aufkommenden Angstattacken vorzubeugen.

Den Angstkreis durchbrechen

Wer unter akuten Panikanfällen und der ständigen Angst davor leidet, kann in einen wahren Teufelskreis geraten. Die Angst verstärkt Körperreaktionen wie beschleunigten Puls und schnellere Atmung, was als bedrohlich und Angst machend wahrgenommen wird. Dies verschlimmert wiederum die gefürchteten Körperreaktionen und so fort. Der so genannte Angstkreis kann oft schon dadurch durchbrochen werden, dass man ganz bewusst langsam und tief atmet. Gleichzeitig sollte man sich dabei immer wieder vor Augen halten, dass nichts passieren kann und dass der Höhepunkt des Anfalls meist schon nach wenigen Minuten vorbei ist. Idealerweise angeleitet durch einen Verhaltenstherapeuten, können Panikpatienten so lernen, das Ende eines Anfalls zunehmend gelassener abzuwarten. Die Attacken verlieren dabei immer mehr an Schrecken und bleiben schließlich häufig ganz aus.

FATALE LÖSUNGSVERSUCHE

Menschen, die zu Panik-attacken und anderen schwereren Angstzustän-den neigen, verfallen weit häufiger als die übrige Be-völkerung dem Alkohol. Motiv dieser fatalen Ent-wicklung ist, dass Angst-zustände unter Alkohol-einfluss vorübergehend verschwinden oder zumin-dest erträglicher werden.

Über die Zeit sind jedoch immer größere Alkoholmen-gen erforderlich, um den Ef-fekt zu erzielen. Ebenfalls problematisch sind starke Beruhigungs-mittel. Zwar lassen sich mit ihnen auch schwerste Angstzustände akut in den Griff bekommen. Auf Dauer können jedoch auch sie in die Abhängigkeit führen.

Situationsabhängige Panikanfälle provozieren

Auch gegen Angst-störungen helfen pflanzliche Präpa-rate wie Johannis-kraut und Kava-Kava. Stärkere chemische Beruhi-gungsmittel, so ge-nannte Anxiolytika (»Angstlöser«) dürfen nur in Aus-nahmefällen und unter strenger ärzt-licher Kontrolle ein-genommen werden.

Zusätzlich zu den bisher geschilderten Maßnahmen ist bei situationsabhängigen Panikanfällen eine intensive Reizkon-frontation die derzeit erfolgreichste verhaltenstherapeutische Bewältigungsstrategie.

Zunächst begleitet vom Therapeuten, begibt sich der Patient an Orte beziehungsweise in Situationen, welche bei ihm in den meisten Fällen einen Panikanfall auslösen. Wer beispielswei-se seine Attacken vorzugsweise in der U-Bahn erwartet und deshalb dieses Verkehrsmittel bislang gemieden hat, fährt nun mit seinem Therapeuten immer wieder U-Bahn. Der Patient soll dabei die praktische Erfahrung machen, dass die Anfälle regelmäßig kommen und nach kurzer Zeit ebenso regelmäßig völlig folgenlos wieder abklingen. In den meisten Fällen nimmt die Häufigkeit und Schwere der Anfälle sowie die damit ver-bundene Erwartungsangst schon nach wenigen Übungs-stunden deutlich ab. Der Betroffene ist dann in der Lage, sich bislang gemiedenen Orten und Situationen auch ohne thera-peutische Begleitung wieder zu stellen.

Das Wichtigste auf einen Blick

1. In ihrer ursprünglichsten Form ist Angst ein Schutzmechanismus, der uns veranlasst, Gefahren auszuweichen.

2. Viele unserer heutigen Ängste sind jedoch unbegründet und werden erheblich durch – oft unseriöse – Fernseh- und Zeitungsbeiträge geschürt.

3. Unsere akuten Angstreaktionen stammen aus grauer Vorzeit und sind im modernen Alltag meist hinderlich (Aufregung, Lampenfieber, geistiger Blackout).

4. Versagensängste, Schüchternheit oder auch die Furcht, sich zu blamieren, lassen sich überwinden, indem man sich immer wieder gezielt den Angst machenden Situationen aussetzt. Gewöhnung und Routine lassen Ängste verschwinden.

5. Phobien und Panikattacken sind Angststörungen, die am leichtesten und dauerhaftesten mit psychotherapeutischer Hilfe überwunden werden. Scheuen Sie sich nicht, mit Ihrem Arzt zu sprechen und ihn um eine Überweisung zum Psychotherapeuten zu bitten.

6. Auch wenn Panikattacken aufgrund ihrer als extrem heftig empfundenen Symptome hin und wieder sogar als Herzinfarkt missgedeutet werden, sind sie im Prinzip völlig harmlos und klingen oft schon nach wenigen Minuten wieder ab.

7. Ebenso wie bei den Versagensängsten gilt auch bei Phobien und Panikanfällen: Gezielte wiederholte Konfrontationen mit den angstauslösenden Objekten, Situationen oder Orten sind unverzichtbar, um das Angstproblem zu überwinden.

In der therapeutischen Arbeit wird der Betroffene immer wieder mit den Situationen konfrontiert, die ihm Angst machen. So lernt man in sicherem Umfeld, mit ihnen besser zurecht zu kommen.

Depressionen: Seele im Dauerschatten

Nahezu jeder kennt aus eigener Erfahrung Phasen tiefer Trauer und Niedergeschlagenheit. Normalerweise handelt es sich dabei um zeitlich befristete gesunde Reaktionen auf dramatische Negativereignisse wie den Tod eines nahe stehenden Menschen, Trennungserlebnisse und dergleichen. Trauern ist in solchen Fällen ein notwendiger Schritt, um einen konkreten herben Verlust zu bewältigen.

Werden Stimmungstiefs jedoch zum Dauerzustand, oder kehren sie schon aus nichtigen Anlässen immer wieder, besteht der Verdacht auf eine Depression.

Bei welchen Symptomen an eine echte Depression gedacht werden sollte und was Betroffene dagegen unternehmen können, wird in diesem Kapitel erörtert.

Die Flucht in die Einsamkeit ist bei Depressionen nicht zu empfehlen. Ganz im Gegenteil: Flucht nach vorne ist die Devise.

Obwohl diese häufige und äußerst belastende Gemütserkrankung mit guten Erfolgschanchen behandelbar ist, erfahren viele Betroffene keine angemessene Hilfe.

Oft missverstanden, manchmal tödlich

In Deutschland und anderen westlichen Industriestaaten leiden internationalen Studien zufolge 10 bis 15 Prozent der Bevölkerung zumindest gelegentlich an einer Depression. Etwa ein Viertel davon ist als schwer depressiv einzustufen, drei Viertel gelten als leicht bis mäßig depressiv. Doch selbst milde Formen anhaltender oder ständig wiederkehrender Depression bedeuten für die Betroffenen bereits einen massiven Leidensdruck: Das Leben erscheint sinnlos und leer. Es fällt oft unendlich schwer, am Morgen aufzustehen, und selbst einfachste Anforderungen des Alltags stellen sich als schier unüberwindliche Hindernisse dar. Man hat keine Lust, etwas zu unternehmen, und viele brechen während depressiver Phasen sogar jeglichen Kontakt auch zu Freunden ab. In schwereren Fällen wird der psychische Leidensdruck manchmal so groß, dass Selbstmord dem Betroffenen der einzige Ausweg zu sein scheint.

Über 80 Prozent der jährlich 10 000 bis 16 000 Selbstmorde in Deutschland werden ursächlich auf eine Depression zurückgeführt.

Eine unterschätzte Krankheit

Gerade weil es für die negative Stimmungslage eines Depressiven vielfach keinen nachvollziehbaren Anlass gibt, werden Betroffene oft als übertrieben wehleidig verurteilt. »Reiß dich zusammen …«, »Ist doch alles nicht so schlimm …«, »Wird schon wieder werden …«, und ähnliche mehr oder weniger gut gemeinte Ratschläge schaden dem Depressiven mehr, als dass sie ihm helfen – zeigen sie ihm doch, wie sein Problem missverstanden wird, wie allein er ist. Gleichzeitig verstärken sich die ohnehin bestehenden Minderwertigkeits- und Schuldgefühle des Patienten, weil er die unangemessenen pauschalen Ratschläge nicht erfüllen kann.

»Jetzt reiß dich doch mal zusammen« – mit vermeintlich guten Ratschlägen dieser Art ist niemand geholfen, der an Depressionen leidet. Wer in Gesprächen nicht weiter kommt, tut gut daran, professionelle Hilfe in Anspruch zu nehmen.

Viele Erfahrungen bestätigen: Depressionen sind oft am Morgen am schlimmsten, um sich dann zum Abend hin deutlich zu bessern.

DEPRESSION: EINE BETROFFENE BERICHTET

»Wenn ich wieder einmal wochenlang in einer Depression stecke und weder ein noch aus weiß, bekomme ich von Freunden oft gut gemeinte Aufmunterungen wie ›sieh doch nicht alles so schwarz‹, ›versuch doch einfach, ein bisschen fröhlich zu sein‹ oder Ähnliches zu hören. Mit gleicher Erfolgsaussicht könnte man einen Querschnittsgelähmten zum Gehen auffordern. Weit mehr ist mir geholfen, wenn mir Freunde einfach zuhören, mir Verständnis und Nähe vermitteln und meine Beschwerden in der von mir empfundenen Schwere akzeptieren.«

Christine H., 34, seit neun Jahren unter ständig wiederkehrenden Depressionen leidend.

Ursachen und Risikofaktoren

Frauen sind häufiger depressiv als Männer. Mögliche Gründe sind menstruationszyklusabhängige Hormonschwankungen und im Vergleich zu Männern vermehrt nach innen gerichtete Aggressionen.

Die wissenschaftliche Suche nach den Ursachen von Depressionen hat noch zu keinem verbindlichen Ergebnis geführt. Die bislang formulierten Thesen erscheinen durchaus plausibel und werden jeweils durch eine Reihe von Befunden gestützt. Sie sind aber noch keineswegs schlüssig bewiesen; die Forschungen gehen weiter.

Biologische Faktoren

Schon lange wird von manchen Psychiatern vermutet, dass zumindest schwerere Depressionen auf eine Fehlregulierung bestimmter hormonähnlicher Botenstoffe (Neurotransmitter) im Gehirn zurückzuführen sind. Eine solche Störung könne sowohl angeboren als auch im Verlauf des Lebens durch verschiedenste Erkrankungen, so zum Beispiel sogar durch Virusinfektionen, erworben werden.

Ein Hauptargument für diese biologische These waren und sind die unbestreitbaren therapeutischen Erfolge, die bei Depressiven mit in den Gehirnstoffwechsel eingreifenden Medikamenten erzielt werden. Inzwischen hat man eine ganze Reihe von komplizierten Testmethoden entwickelt, deren Ergebnisse Rückschlüsse auf die Aktivität und Verfügbarkeit verschiedener Botenstoffe im Gehirn erlauben. Damit konnte gezeigt werden, dass bei Depressiven im Vergleich zu Gesunden tatsächlich überdurchschnittlich oft ein Mangel an Neurotransmittern wie vor allem Serotonin vorzuliegen scheint. Allerdings fanden sich solche Auffälligkeiten des Hirnstoffwechsels gelegentlich auch bei Untersuchten, die noch nie an einer Depression gelitten haben. Und umgekehrt konnte der verdächtige Serotoninmangel nicht bei jedem Depressiven nachgewiesen werden. Das heißt, selbst wenn an der These vom Mangel an Botenstoff im Gehirn viel Wahres sein sollte, wäre sie allein dennoch nicht in der Lage, die Ursache sämtlicher Depressionen zu erklären.

Obwohl die Forscher noch zu keinem abschließenden Ergebnis gelangt sind, muss man annehmen, dass sowohl biologische Ursachen als auch psychosoziale Faktoren für die Auslösung einer Depression verantwortlich zu machen sind.

Psychosoziale Faktoren

Viele Psychologen lehnen jeglichen biologischen Erklärungsversuch ab und sehen Depressionen als Resultat einer Summe negativer beziehungsweise falsch verarbeiteter Lebensereignisse.

Als aktuelle Auslöser einer Depression offensichtlich in Betracht kommende Schicksalsschläge wie etwa Scheidung, schwere Krankheit oder Verlust des Arbeitsplatzes sind in diesem Sinn als Tropfen zu verstehen, der das Fass schließlich zum Überlaufen bringt.

Die Wurzeln einer späteren Depression reichen nach diesem Modell zurück bis in die frühe Kindheit: Jeder Mensch durchläuft in der Entwicklung vom Kind zum Erwachsenen einen die Persönlichkeit prägenden Prozess. Sämtliche Erfahrungen, die

**Ein vertrauens-
volles und mög-
lichst angstfreies
Verhältnis zwi-
schen Eltern und
Kind bietet eine
solide psychische
Grundlage auch
für später.**

*Es wird angenom-
men, dass die
Wurzeln für spätere
Depressionen bereits
in der Kindheit ent-
standen sind. Vor
allem unbewältigte
Schuldgefühle, die
von den Eltern
erzeugt wurden,
führen im weiteren
Lebensverlauf in die
Krise.*

ein Kind im Umgang mit seinen Eltern und anderen Bezugs-
personen macht, haben Einfluss darauf, wie ein Mensch mit
den vielfältigsten Anforderungen seiner Umwelt zurechtkommt. Positive Kindheitserfahrungen, wie das Gefühl, geliebt
und akzeptiert zu werden, oder Geborgenheit und Unterstützung zu finden, fördern die Entwicklung einer stabilen Persönlichkeit mit geringer Neigung zu Depressionen. Negative
Kindheitserfahrungen wie emotionale Vernachlässigung, eine
ständige Missachtung der eigenen Bedürfnisse und Grenzen,
körperliche Gewalt oder gar sexueller Missbrauch fördern eine
labile und zu Depressionen neigende Persönlichkeitsstruktur.

Im Streit der Psychologen

Dem entgegen steht die Vielzahl der Menschen, die trotz ne-
gativster Kindheitserfahrungen oder einer überdurchschnittlichen Häufung schwerer Schicksalsschläge im weiteren Lebensverlauf nie depressiv werden. Umgekehrt gibt es nicht
wenige Depressionspatienten, bei denen trotz gründlicher
Analyse weder in der Kindheit noch im späteren Leben entsprechende Schlüsselerlebnisse aufgedeckt werden können.

Auch die hier dargestellte These einer psychosozialen Entwicklungsstörung wäre damit allein unzureichend, Depressionen umfassend ursächlich zu erklären.

Depressionen erkennen

Der erste Schritt aus der Depression ist, sie als solche zu erkennen. Dabei können sowohl psychische als auch körperliche Symptome wegweisend sein.

Charakteristische psychische Symptome

Charakteristisch für Depressionen ist eine Reihe von psychischen Auffälligkeiten, wobei sich Kern- und Zusatzsymptome unterscheiden lassen.

Je stärker biologische und psychosoziale Vorbelastungen bei einer Person zusammenwirken, ein um so geringerer akuter Anlass reicht schließlich, dass die Schwelle zum Ausbruch einer Depression überschritten wird.

KERNSYMPTOME EINER DEPRESSION

✳ Eine die meiste Zeit des Tages anhaltende gedrückte oder traurige Stimmung
✳ Interessenverlust oder zunehmende Freudlosigkeit
✳ Verminderter Antrieb, rasche Ermüdbarkeit, manchmal verbunden mit einer erhöhten Reizbarkeit.

Typische Zusatzsymptome einer Depression

✳ Übertriebene Ängstlichkeit, pessimistische Sichtweisen, die sich auf alle Lebensfragen und die Umwelt erstrecken.

✳ Verlust des Selbstvertrauens und Selbstwertgefühls
✳ Selbstvorwürfe oder Schuldgefühle
✳ Vermindertes Denk- und Konzentrationsvermögen
✳ Alltägliche Entscheidungsschwächen (welche Krawatte heute?)
✳ Auffallend reduzierter oder (von Unruhe geprägter) gesteigerter Bewegungsdrang
✳ Ein- oder Durchschlafstörungen
✳ Selbstmordgedanken oder Selbstmordhandlungen

Sexuelle Unlust und Impotenz können ebenso gut Folge als auch Anlass einer Depression sein.

Nach der für Mediziner und Psychologen heute gültigen Internationalen Klassifikation der Krankheiten der WHO (ICD, 10. Revision) liegt eine behandlungsbedürftige Depression vor, wenn bei einer Person mindestens zwei Kern- und zwei Zusatzsymptome länger als zwei Wochen andauern. Eine derart systematische Depressionsdiagnostik lehnen viele Psychologen und Ärzte ab. Sie befürchten – sicherlich nicht ganz zu Unrecht –, dass derartig grobe Raster zu pauschal sind, um einen Depressionsverdacht hinreichend zu begründen. Entscheidend sei vielmehr der kaum zu schematisierende Gesamteindruck des Patienten und eine umfassende praktische Erfahrung des Arztes.

... und körperliche Beschwerden

Neben den genannten psychischen Symptomen treten bei den meisten Depressiven auch unterschiedlichste körperliche Beschwerden auf, für die sich keine organische Ursache finden lässt. Sie werden deshalb als körperliche Ausdrucksformen der leidenden Psyche verstanden. Für diese Interpretation gibt es einen überzeugenden Beleg: Sobald eine Depression effektiv behandelt wird, bessert sich nicht nur das psychische, sondern vielfach auch das körperliche Befinden.

Folgende körperliche Beschwerden sind typisch:
* Verdauungs- oder Blasenstörungen
* Kopfschmerzen oder Muskelverspannungen
* Druckgefühle in Hals und Brust
* Herz-Kreislauf-Beschwerden
* Schwindelgefühle und Sehstörungen
* Nachlassendes sexuelles Interesse, Impotenz
* Bei Frauen manchmal ausbleibende Monatsblutung
* Unerklärliches Schwitzen, Frieren oder Zittern
* Kalte Hände und Füße

Psychische Symptome beim Arzt nie verstecken

Im Unterschied zu körperlichen Erkrankungen werden psychische Störungen auch in unserer aufgeklärten Gesellschaft von einem Großteil der Bevölkerung leider immer noch als Makel empfunden – ein Makel, dessen man sich schämt und den es nach Möglichkeit zu verstecken gilt. Auch befürchtet so mancher, dass depressionsspezifische psychische Beeinträchtigungen wie etwa eine massive Antriebshemmung als Faulheit missgedeutet oder bagatellisiert werden könnten. Viele Depressive neigen daher dazu, selbst dem Arzt ihres Vertrauens vorrangig oder sogar ausschließlich die eher unspezifischen körperlichen Symptome ihrer seelischen Erkrankung zu schildern. Diagnose und Therapie werden damit oft in eine falsche Richtung gelenkt. So mancher »versteckt« Depressive wird jahrelang erfolglos gegen vermeintliche organische Beschwerden behandelt. Er schluckt Tabletten, die nichts nützen und vielleicht sogar unnötige Nebenwirkungen verursachen. Die Depression als Wurzel allen Übels bleibt dagegen verborgen, und Chancen zu einer möglichst frühzeitigen, effektiven Behandlung werden verspielt.

Kommen beim Arztbesuch nur die vermeintlichen körperlichen Störungen und Beschwerden zur Sprache und bleiben die seelischen Belastungen unerwähnt, wird eine Depression oft unerkannt bleiben. Offenheit ist daher oberstes Gebot, um die psychischen Wurzeln einer Depression freizulegen.

Vertrauen zum Arzt

Ein guter Arzt wird deshalb immer auch gezielt nach psychischen Auffälligkeiten fragen, wenn sich bei einem Patienten der geringste Verdacht auf eine Depression ergibt. Jeder Betroffene sollte dann aber auch – selbst wenn es sehr schwer fällt – ehrlich antworten und sämtliche Symptome seines Leidens möglichst umfassend darstellen. Nur dann besteht die Möglichkeit, die Situation in einer Therapie gezielt aufzuarbeiten und die krankmachenden Ursachen zu überwinden. Nur wer sich dem Arzt anvertraut, kann wirksame Hilfe erwarten.

TEST: LEIDEN SIE AN DEPRESSIONEN?

1995 wurde europaweit eine groß angelegte Studie durchgeführt, in der anhand einer Befragung von über 80.000 Personen die Häufigkeit von Depressionen ermittelt werden sollte. Falls Sie sich in Anlehnung an diese Befragung selbst testen wollen, beantworten Sie bitte die nachfolgenden Fragen mit Ja oder Nein.

Für die Studie DEPRESS-I wurde ein kurzer Fragebogen entwickelt, der auf einfache und dennoch zuverlässige Weise einen Eindruck davon vermittelt, ob jemand aktuell oder in der näheren Vergangenheit an einer behandlungsbedürftigen Depression leidet bzw. gelitten hat.

1. Fühlten Sie sich innerhalb des letzten halben Jahres zwei Wochen oder länger fast während des ganzen Tages und beinahe jeden Tag traurig, deprimiert oder niedergeschlagen?　　　　　ja ☐　nein ☐

2. Waren Sie innerhalb des letzten halben Jahres mindestens zwei Wochen lang an den meisten Dingen des Lebens weit weniger interessiert als sonst oder konnten sie sich mindestens zwei Wochen hintereinander an Umständen, die Ihnen üblicherweise Freude bereiten, kaum erfreuen?　　　ja ☐　nein ☐

3. Wenn Sie Frage 1 und/oder 2 mit Ja beantwortet haben und Sie an die mindestens zweiwöchige Periode der Traurigkeit, Niedergeschlagenheit, Freud- oder Interessenlosigkeit zurückdenken:

a. Hat sich in dieser Zeit Ihr Appetit auffallend verändert oder haben Sie in der betreffenden Periode unbeabsichtigt mindestens vier Kilogramm ab- oder zugenommen?　ja ☐　nein ☐

b. Hatten Sie in dieser Zeit fast jede Nacht Ein- und/oder Durchschlafprobleme?　　ja ☐　nein ☐

TEST: LEIDEN SIE AN DEPRESSIONEN?

c. Haben Sie damals langsamer gesprochen als sonst oder waren Ihr Gang, Ihre Bewegungen langsamer als sonst? ja ☐ nein ☐

d. Fühlten Sie sich energielos und müde? ja ☐ nein ☐

e. Fühlten Sie sich an manchen Tagen wiederum derart getrieben und unruhig, dass Sie das Bedürfnis hatten, sich ständig zu bewegen? ja ☐ nein ☐

f. Fühlten Sie sich wertlos oder schuldig? ja ☐ nein ☐

g. Konnten Sie sich so schlecht konzentrieren, dass Sie beispielsweise sogar Schwierigkeiten hatten, einen Fernsehfilm zu verfolgen oder ein Buch zu lesen? ja ☐ nein ☐

h. Dachten Sie im Verlauf zurückliegender Phasen von Trauer und Niedergeschlagenheit manchmal daran, dass es besser wäre, tot zu sein oder überlegten Sie, sich etwas anzutun? ja ☐ nein ☐

4. Waren einer oder mehrere der bejahten Zustände so schwerwiegend, dass Sie dadurch in der Ausübung Ihres Berufes spürbar beeinträchtigt waren oder dass darunter auch der Kontakt zu Freunden und Familie nennenswert gelitten hat? ja ☐ nein ☐

Auswertung Ein begründeter Verdacht, dass Sie gelegentlich an einer behandlungsbedürftigen Depression leiden, besteht, wenn Sie mindestens eine der ersten beiden Fragen und zusätzlich mindestens eine der Fragen 3a–h sowie die Frage 4 mit »Ja« beantwortet haben.

Falls Ihr Test positiv war, ist dies aber keinesfalls ein Grund zur Panik. Sie sollten den Verdacht auf eine Depression aber im Auge behalten und spätestens dann mit einem Arzt Ihres Vertrauens besprechen, wenn die im Fragebogen bejahten Zustände wiederkehren.

Nach den Vorstellungen der Psychoanalyse sind Depressionen die Folge von verdrängten Bedürfnissen, unbewussten Ängsten, Gewissenskonflikten und Schuldgefühlen. Werden diese negativen Gefühle bewusst gemacht und gelöst, bessert sich auch das seelische Befinden.

Wege aus der Krise

Nicht jede depressive Verstimmung bedarf einer Therapie. Oft handelt es sich um eine einmalige Episode, die nach wenigen Tagen von selbst wieder abklingt. Als sinnvolle Allgemeinmaßnahme gegen anhaltende oder immer wiederkehrende Depressionen haben sich vor allem häufiger Aufenthalt im Freien und Ausdauersport bewährt. In schwereren Fällen sollte Hilfe beim Psychotherapeuten gesucht werden, und manchmal kann auch auf – ärztlich verordnete! – Medikamente nicht verzichtet werden.

Licht …

Im Spätherbst und im Winter leiden deutlich mehr Menschen unter Depressionen als in den Frühjahrs- und Sommermonaten. Als Ursache dieser saisonalen Schwankungen spielt offensichtlich eine enge Wechselwirkung zwischen Sonnenlicht und Psyche die entscheidende Rolle: je mehr Tageslicht, desto besser unsere Stimmung. Diese Erkenntnis wird seit Jahren auch therapeutisch genützt: Zumindest ein Teil der Depressi-

Depressiv veranlagte Menschen sprechen meist sehr positiv auf eine so genannte Lichttherapie an. Sie werden mehrere Stunden täglich einer künstlichen Lichtquelle ausgesetzt, die das im Winterhalbjahr reduzierte Sonnenlicht imitiert.

ven fühlt sich deutlich besser, wenn sie bis zu mehrere Stunden am Tag einer starken künstlichen Lichtquelle ausgesetzt werden, die das Sonnenlicht imitiert. Einen ähnlich positiven Effekt können Sie erwarten, wenn Sie sich tagsüber möglichst viel im Freien aufhalten. Gerade während einer Depression fällt es aber vielen schwer, das Haus zu verlassen. Überwinden Sie sich und gehe Sie trotzdem nach draußen – jeden Tag. Erleben Sie selbst, welchen Stimmungsumschwung frische Luft und ein paar Sonnenstrahlen bewirken können.

… und Bewegung

Mehr als im Liegestuhl profitiert man vom Aufenthalt im Freien bei intensiver Bewegung. Ausdauersportarten wie vor allem das Joggen sind ein wahres Antidepressivum. Schon eine Viertel- bis eine halbe Stunde lockeren Trabens zwei- bis viermal die Woche reichen aus, um das Gehirn vermehrt zur Ausschüttung von Serotonin und anderen Glückshormonen, so genannten Endorphinen, zu veranlassen. Mehrere Studien haben diese Wirkung inzwischen selbst bei schweren Depressionen nachgewiesen. Hauptproblem dürfte allerdings sein, dass die wenigsten Menschen im akuten Stadium einer Depression von sich aus die Energie zum regelmäßigen Lauftraining aufbringen. Äußerst hilfreich wäre daher eine dem Patienten nahe stehende Person, die die Motivationsarbeit übernimmt und hierzu am besten selbst regelmäßig mitläuft (siehe auch Kapitel »Körperarbeit für die Seele«, Seite 108).

Wer das Aufkommen depressiver Stimmungen rechtzeitig bemerkt, kann durch Bewegung an frischer Luft oftmals erfolgreich dagegen angehen. Licht und körperliches Training bewirken die Freisetzung von so genannten Glückshormonen, die unsere Gemütslage positiv beeinflussen.

Johanniskraut

Wie gegen viele Krankheiten und Befindlichkeitsstörungen ist auch gegen Depressionen in der Natur ein Kraut gewachsen. Extrakte aus dem in unseren Breiten heimischen Johanniskraut haben sich bei leichten bis mittelschweren Depressionen gut bewährt. Selbst eingeschworene Schulmediziner wie der

Psychopharmakologe Professor Walter Müller von der Universität Frankfurt schwören auf die antidepressive Wirksamkeit der gelb blühenden Heilpflanze. Ihre Inhaltsstoffe werden inzwischen von zahlreichen Herstellern als Tabletten oder Tropfen rezeptfrei in der Apotheke angeboten. Der entscheidende Vorteil gegenüber chemischen Antidepressiva ist, dass hier keine ernsten und kaum lästige Nebenwirkungen zu befürchten sind. Es spricht daher so gut wie nichts dagegen, Johanniskrautpräparate selbst schon bei anhaltenden leichteren Depressionen einzusetzen. Einzige erforderliche Vorsichtsmaßnahme: Da diese Mittel in hoher Dosierung die Sonnenempfindlichkeit erhöhen können, sollte während der Einnahmedauer eine starke direkte Sonnenbestrahlung der Haut vermieden werden. Dies gilt besonders für hellhäutige Menschen, die ohnehin zu Sonnenbränden und -allergien neigen.

Beachten Sie aber, dass die Wirkung von Johanniskraut nie sofort einsetzt. Wie bei jedem anderen Antidepressivum ist eine spürbare Besserung der Stimmungslage frühestens nach zwei Wochen, oft sogar erst nach vier Wochen täglicher Einnahme zu erwarten. Bemerken Sie allerdings auch nach sechs Wochen Behandlung noch keine Veränderung, gehören Sie zu den etwa 30 Prozent Depressiven, die auf Johanniskraut nicht ansprechen. Sie sollten das Mittel dann absetzen und mit Ihrem Arzt andere Behandlungsmethoden besprechen.

Welcher Arzt ist der richtige?

Auch wenn Sie die bisher geschilderten Maßnahmen einschließlich der Einnahme von Johanniskraut auf eigene Faust wagen können, ist es prinzipiell immer besser, von Anfang an einen Arzt zu Rate zu ziehen. Für die weiteren Behandlungsschritte führt ohnehin kein Weg an ihm vorbei. Nur ein ausgebildeter Mediziner darf chemische Antidepressiva verschreiben. Und auch eine Psychotherapie bewilligen die

Bei länger anhaltenden, aber leichteren depressiven Verstimmungen helfen häufig Präparate aus Johanniskraut, die man allerdings über einen längeren Zeitraum einnehmen sollte. Einzige Nebenwirkung: Sie erhöhen die Lichtempfindlichkeit der Haut und verstärken so das Risiko von Sonnenbrand und -allergie.

Krankenkassen in der Regel nur, wenn ein ärztlicher Gutachter die Notwendigkeit bescheinigt.

Da Allgemeinärzte zwar Antidepressiva verordnen dürfen, aber meistens keine umfassende psychotherapeutische Ausbildung haben, neigen viele zu einer einseitigen medikamentösen Therapie. Sofern Ihr Hausarzt bei Ihnen eine depressive Störung bestätigt hat und die oben geschilderten allgemeineren Maßnahmen (inklusive Johanniskraut) bereits erfolglos probiert worden sind, sollten Sie daher um eine Überweisung zu einem Facharzt für Psychotherapie bitten. Dies ist meist ein Psychiater, manchmal aber auch ein Mediziner einer anderen Fachrichtung, der jedoch eine mehrjährige psychotherapeutische Zusatzausbildung absolviert hat. Ein solcher Arzt ist nachweislich mit beiden Behandlungsschienen gut vertraut. Sie können daher eine kompetente Entscheidung erwarten, ob in Ihrem Fall eher eine Psychotherapie, eine medikamentöse Behandlung oder vielleicht auch die Kombination beider Strategien erforderlich ist.

Wenn der Hausarzt eine depressive Störung vermutet, sollte sich der Betroffene zu einem Facharzt für Psychotherapie überweisen lassen. Dieser kann aus seiner Kenntnis heraus am besten entscheiden, ob eine medikamentöse Therapie angezeigt ist oder/und eine Psychotherapie hilfreich sein könnte.

Psychotherapie

In den letzten Jahren und Jahrzehnten ist eine Vielzahl von unterschiedlichsten Psychotherapieformen entstanden, wobei sich nur wenige einer objektiven Qualitätsprüfung ausgesetzt haben. Auch die Qualifikation so mancher Therapeuten lässt zu wünschen übrig. Für den Laien ist es im Einzelfall schwierig, hier die Spreu vom Weizen zu trennen. In gewisser Weise und vielleicht etwas zu pauschal haben dies jedoch die Krankenkassen übernommen. Sie erstatten die Kosten im Regelfall nur für verhaltenstherapeutisch oder psychoanalytisch orientierte Maßnahmen, die zudem von einem kassenrechtlich anerkannten Psychotherapeuten durchzuführen sind. Dieser ist entweder Arzt für Psychotherapie oder Psychologe, der nach Abschluss seines Studiums eine mehrjährige Ausbildung zum

Beide Methoden nehmen für sich in Anspruch, bei mindestens zwei Drittel der behandelten Depressiven eine deutliche und dauerhafte Besserung zu erreichen. Für den Erfolg sind im Einzelfall wohl weniger die Theorie der jeweiligen Methode als Kompetenz, Einfühlungsvermögen und Charisma des Therapeuten entscheidend.

Verhaltenstherapeuten beziehungsweise Psychoanalytiker absolviert hat. Ob Sie sich im Fall von ständig wiederkehrenden oder anhaltenden Depressionen für eine verhaltenstherapeutisch oder psychoanalytisch orientierte Psychotherapie entscheiden, ist nicht zuletzt eine Frage der Zeit, die Sie investieren wollen. Für eine Verhaltenstherapie werden selten mehr als 20 Sitzungen (zu jeweils ein bis zwei Stunden pro Woche) anberaumt. Eine Psychoanalyse dauert üblicherweise dagegen mindestens ein Jahr, wobei zwei bis drei einstündige Sitzungen pro Woche die Regel sind.

Verhaltenstherapie: Eine positive Sicht erlernen

Aus verhaltenstherapeutischer Sicht werden Depressionen durch aktuelle Verhaltensweisen, untaugliche Strategien zur Problembewältigung und falsche Denk- und Wahrnehmungsmuster begünstigt und aufrechterhalten. Derartige Defizite gilt es aufzudecken und zu korrigieren. Dabei kann der Therapeut durch gezieltes Nachfragen immer wieder versuchen, die äußeren Umstände, die den Patienten gegenwärtig belasten und seine Depression fördern, zu präzisieren und einzugrenzen. In weiteren Schritten werden dem Patienten Wege aufgezeigt, wie er etwaige konkrete Probleme lösen kann. Oder aber er lernt, unabänderliche Tatsachen so zu betrachten, dass sie ihn weniger belasten.

Leidet jemand beispielsweise an einer Depression, für die er als wesentliche Ursache eine länger bestehende Arbeitslosigkeit nennt, ist es natürlich nicht Aufgabe des Therapeuten, ihm einen neuen Arbeitsplatz zu besorgen. Hier wird sich die Arbeit des Therapeuten unter anderem darauf konzentrieren, den Hilfesuchenden zu erneuten Bewerbungen zu motivieren beziehungsweise werden gezielte Bewältigungsstrategien gegen die Angst vor dem Vorstellungsgespräch eingeübt. Außerdem könnte sich herausstellen, dass der Patient eine objektiv völlig

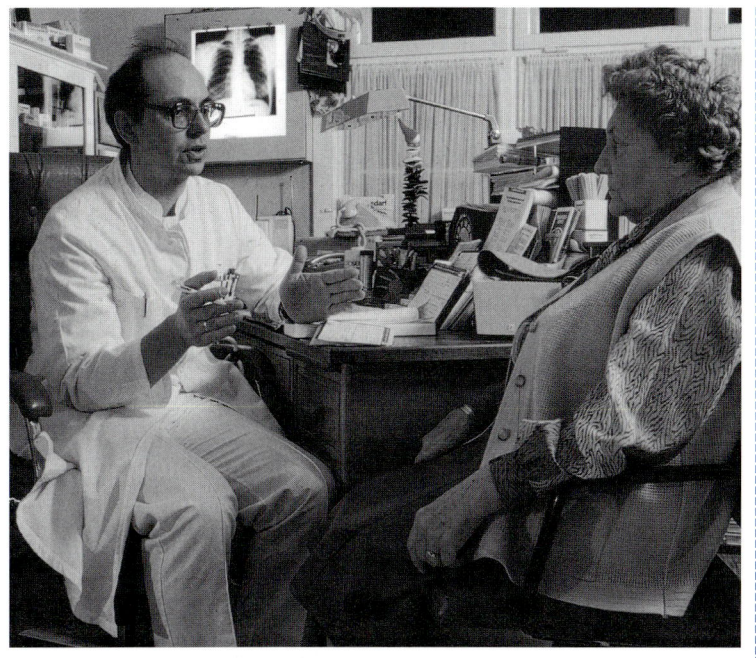

Heutzutage gibt es ein breites Angebot an verschiedensten Therapien – da ist es wichtig, von kompetenter Stelle beraten zu werden, bevor man sich für die eine oder andere Form entscheidet.

unverschuldete Arbeitslosigkeit, etwa infolge einer Betriebsschließung, als persönliches Versagen betrachtet. Wenn es dem Therapeuten gelingt, den Patienten von derartig unbegründeten und dennoch schwer belastenden Selbstvorwürfen zu befreien, ist trotz fortbestehender Arbeitslosigkeit bereits viel gewonnen.

Psychoanalyse: Reise ins Unbewusste

Nach den Vorstellungen der von Sigmund Freud begründeten Psychoanalyse sind Depressionen und andere seelische Störungen die Folge von verdrängten Bedürfnissen, unbewussten Ängsten, Gewissenskonflikten und Schuldgefühlen. Werden diese überwiegend in der Kindheit entstandenen und unzureichend verarbeiteten negativen Relikte bewusst gemacht und gelöst, bessert sich nach dieser Theorie auch das aktuelle psychische Befinden.

Ziel der Verhaltenstherapie ist es, den Betroffenen zu motivieren, sich mit den Umständen auseinander zu setzen, die seine Depression auslösen. Wenn es gelingt, Ängste und Schuldgefühle zu überwinden, steht einer Überwindung der Krise nichts mehr im Wege.

Infolge der langfristigen und engen Bindung, die Patient und Therapeut in der Psychoanalyse eingehen, kommt es gelegentlich zu so genannten Übertragungsphänomenen. Darunter werden Situationen verstanden, in denen der Patient den Therapeuten vorübergehend als Vater, Mutter oder andere wichtige Bezugsperson und sich selbst als Kind erlebt. In solchen Situationen können vergessene kritische Beziehungsmuster der Vergangenheit erkannt und im weiteren Verlauf verarbeitet und gelöst werden.

Um den hier notwendigen Zugang in unbewusste Regionen zu erlangen, bedient sich die psychoanalytisch orientierte Therapie der so genannten freien Assoziation: Der entspannt auf der Couch liegende Patient wird dazu aufgefordert, spontan aufkommende Gedanken oder auch Trauminhalte möglichst ungefiltert zu erzählen. Der Therapeut hält sich weitgehend zurück, fragt nur gelegentlich nach und versucht hin und wieder eine vorsichtige Deutung entsprechender Mitteilungen. Aus den erzählten Themeninhalten, den dabei gezeigten Emotionen des Patienten und dessen Reaktionen auf Deutungsversuche gewinnt der Psychoanalytiker im Lauf der Zeit wichtige Hinweise auf die Art verdrängter Konflikte, Ängste und Leiderfahrungen. Vorsichtig wird der Patient gelenkt, sich diese vergessenen und dennoch unbewältigten Defizite der Vergangenheit in Erinnerung zu rufen und sie zu verarbeiten.

Wenn Medikamente unverzichtbar sind

Soll bei schweren Depressionen spürbare Hilfe so schnell wie möglich erfolgen, sind stark wirksame Medikamente manchmal unverzichtbar.

Alle Antidepressiva entfalten ihre stimmungsverbessernden Effekte frühestens nach zwei bis vier Wochen. Man sollte daher keinesfalls den Fehler machen, ein verordnetes Mittel nach wenigen Tagen wegen vermeintlicher Wirkungslosigkeit auf eigene Faust wieder abzusetzen. Nicht alle Patienten sprechen auf das gleiche Mittel an. Ist auch nach vier Wochen keine positive Wendung in Sicht, wird es der Arzt deshalb mit einem anderen Präparat versuchen. Auch dann sind erneut zwei bis vier Wochen Geduld erforderlich, bevor man mit einer Besserung rechnen kann. Im Falle starker Unruhezustände oder Ängste, die häufig eine Depression begleiten, kann diese Wartezeit eventuell mit einem Beruhigungsmittel (Tranquilizer) überbrückt werden.

Wenn die Depression dank medikamentöser Hilfe abflaut, sollte das jeweils erfolgreiche Antidepressivum in unveränderter Dosierung noch mindestens ein halbes Jahr eingenommen werden. Anderenfalls droht ein baldiger Rückfall in die Depression. Suchtgefahr besteht hier nicht.

Das Wichtigste auf einen Blick

1. Behandlungsbedürftige Depressionen treten relativ häufig auf. In Deutschland sind schätzungsweise 10 bis 15 Prozent der Bevölkerung zumindest gelegentlich davon betroffen.

2. Etwa 80 Prozent aller Selbstmorde werden aufgrund einer Depression begangen.

3. Bei der Entstehung einer Depression wirken nach aktuellen Vorstellungen angeborene oder erworbene biologische Voraussetzungen, psychische und soziale Faktoren zusammen.

4. Körperliche Beschwerden ohne plausible organische Ursache können ein erster Hinweis auf eine Depression sein.

5. Niemand sollte sich wegen einer Depression schämen. Keinesfalls dürfen dem Arzt wegweisende psychische Symptome verschwiegen werden.

6. Bei leichteren Depressionen helfen oft Allgemeinmaßnahmen wie vor allem viel Bewegung unter freiem Himmel.

7. Präparate aus Johanniskraut sind nahezu nebenwirkungsfrei und können daher großzügig angewendet werden.

8. Bei schwereren anhaltenden oder wiederkehrenden Depressionen ist in erster Linie eine Psychotherapie ins Auge zu fassen.

9. Manchmal kann auf zusätzliche starke Medikamente nicht verzichtet werden.

10. Wenn ein Antidepressivum eingenommen wird, muss die Anwendung lange genug (in der Regel mindestens ein halbes Jahr) erfolgen, damit das Medikament seine optimale Wirkung entfalten kann.

Dem Arzt steht eine breite Palette von verschiedenen antidepressiven Substanzen zur Verfügung. Ein entscheidender Vorteil von erst in den letzten Jahren auf den Markt gebrachten Neuentwicklungen gegenüber älteren Präparaten ist eine deutlich verbesserte Verträglichkeit bei gleicher Wirksamkeit. Die Entscheidung, welches Mittel im konkreten Einzelfall die beste Alternative darstellt, liegt jedoch beim Arzt.

Körperarbeit für die Seele

Regelmäßige körperliche Betätigung tut Körper und Seele gleichermaßen gut.

Unser Körper wie auch unsere Seele sind von Natur aus auf Bewegung angewiesen. Bewegungsarmut lässt beide verkümmern.

Psyche und Körper sind ein untrennbares Ganzes. Selbst Ereignisse, die auf den ersten Blick nur die Psyche betreffen, ziehen immer auch körperliche Reaktionen nach sich. So löst beispielsweise akuter psychischer Stress eine komplexe Hormonausschüttung im Körper aus, Muskelspannung, Blutdruck und Herzfrequenz steigen an. Dauerstress kann auf diese Weise anhaltende, schmerzhafte Rückenverspannungen verursachen oder die Entwicklung chronischer Herz-Kreislauf-Erkrankungen begünstigen. Umgekehrt wiederum sind einfach herbeizuführende Körperreaktionen aber auch geeignet, die Psyche günstig zu beeinflussen. So können wir beispielsweise allein schon durch körperliche Aktivität Stress abbauen und damit auch geistig ruhiger und gelassener werden. Ebenso sind wir in der Lage, mit leicht zu erlernenden Muskelentspannungsübungen eine positive Rückwirkung auf unsere Psyche zu erzielen.

Bewegung wirkt Wunder

Die Evolution hat uns als denkende Bewegungswesen geschaffen. Die längste Zeit seiner Geschichte war der Mensch umherstreifender Jäger oder Sammler und dann noch wenige tausend Jahre bewegungsintensiver Bauer oder vielseitiger Handwerker. An den Schreibtisch oder an sonstige körperlich

»inaktive« Arbeitsplätze wurden wir mehrheitlich erst in diesem Jahrhundert verbannt. Die meisten unserer heutigen Zivilisationskrankheiten wie Herz-Kreislauf-Erkrankungen, Bluthochdruck, Übergewicht, Gicht, Diabetes, Wirbelsäulenschäden und vieles mehr sind die Folge von zu üppiger Ernährung und vor allem von zu wenig Bewegung. Sportlich aktive Zeitgenossen schaffen sich Ausgleich und sind seltener ernsthaft krank.

Doch nicht nur der Körper, sondern auch die Psyche ist von Natur aus auf Bewegung getrimmt. Nahezu jeder, der regelmäßig Ausdauersport betreibt, kennt das erhebende Glücksgefühl nach dem Training, welches viele Stunden nachwirkt und dann auch noch einen guten Schlaf garantiert. Am leichtesten und intensivsten wird die durch Sport vermittelte Hochstimmung vielen Umfragen zufolge beim Laufen erzielt. »The runner's high«, wie es die Amerikaner nennen, ist der euphorische Lohn, den kaum ein Jogger wieder missen möchte. Schwer zu motivieren ist allerdings die breite Masse jener, die die positiven Auswirkungen des Laufens noch nicht selbst erfahren haben und bei denen sie deshalb auch keinen Anstoß zum Aktivwerden darstellen.

Die »Droge« Laufen

Viele der in diesem Buch besprochenen Probleme können durch regelmäßiges Lauftraining gebessert beziehungsweise leichter bewältigt werden. Wer zwei- bis dreimal pro Woche jeweils 30 bis 45 Minuten joggt, leidet weit seltener als der inaktive Durchschnittsmensch an Schlafstörungen, Depressionen und Angststörungen. Er wird mit Stress und psychischen Belastungen aller Art besser fertig, und selbst die Abhängigkeit von Suchtmitteln kann mit regelmäßigem Dauerlauf leichter überwunden werden. In zahlreichen wissenschaftlichen Studien wurden diese Tatsachen immer wieder bestätigt, und

Wem das Laufen absolut keinen Spaß macht (gilt erst, wenn man es schon einige Wochen probiert hat) oder bei dem es sich beispielsweise aufgrund eines Gelenk- oder Venenschadens verbietet, kann seiner Seele selbstverständlich auch mit anderen Ausdauersportarten dienen: z. B. richtig schnelles Gehen, forciertes Rad fahren, Schwimmen oder auch Tanzen.

Ein regelmäßiges Lauftraining wirkt antidepressiv und hilft, Ängste zu lösen.

inzwischen konnten auch einige biochemische Mechanismen entschlüsselt werden, die den psychologischen Nutzen des Laufens auf hormoneller Ebene erklären.

So nimmt während eines gemäßigten Dauerlaufs in gemütlichem Tempo die Serotoninkonzentration im Gehirn zu. Serotonin ist ein Botenstoff (Neurotransmitter), der unsere Stimmung hebt. Defizite im Serotoninstoffwechsel gelten als (Mit-)Ursache von Depressionen und schweren Angststörungen. Die Wirkung vieler antidepressiver und angstlösender Medikamente beruht nach aktueller Erkenntnis denn auch auf der Korrektur eines gestörten Serotoninstoffwechsels – ein Effekt, den so mancher Depressive aber ebenso gut auch durch regelmäßiges Lauftraining erzielen könnte.

Mit körpereigenen »Glückssubstanzen« Suchtstoffe ersetzen

Beim Joggen werden bestimmte »Glückshormone« freigesetzt, die sich ausgesprochen positiv auf die Psyche auswirken. Voraussetzung ist allerdings, dass man seinen Körper richtig an den längeren Lauf gewöhnt hat.

Während eines längeren Laufs werden vermehrt körpereigene Opiate, so genannte Endorphine, ausgeschüttet. Sie verbinden sich mit speziellen Rezeptoren im Gehirn und vermitteln dabei Entspannung, Zufriedenheit und Wohlbefinden bis hin zu einer leichten Euphorie. Über ähnliche Rezeptoren entfalten auch Nikotin, Alkohol und andere Drogen ihre als stimulierend empfundene Wirkung. Werden die Suchtmittel abgesetzt und wird gleichzeitig durch regelmäßige Bewegung die Endorphinproduktion erhöht, bieten diese körpereigenen Opiate in gewisser Weise einen Ersatz und erleichtern die Abstinenz.

Laufen kann fast jeder

Wer jetzt neugierig geworden ist und die »Droge« Laufen einmal ausprobieren möchte, sollte einige wesentliche Punkte beachten:

✳ Es gibt kaum Gründe und keine Altersgrenzen, die das Laufen verbieten. Um auf der sicheren Seite zu stehen, sollte man jedoch vor dem ersten Lauftraining einen kleinen sportmedizinischen Check-up absolvieren. Sprechen Sie darüber am besten mit Ihrem Hausarzt. Wichtig ist die Überprüfung Ihrer körperlichen Konstitution besonders dann, wenn Sie viele Jahre inaktiv waren und älter als 35 Jahre sind.

✳ Laufen ist billig. Trainingshose und -jacke hängen ohnehin in nahezu jedem Schrank und sind überall günstig erhältlich. Das Einzige, woran Sie nicht sparen dürfen, sind die Laufschuhe. Lassen Sie sich in einem Sportfachgeschäft eingehend beraten, und kalkulieren Sie dafür 150 bis 250 DM ein.

✳ Fangen Sie mit dem Laufen langsam an; halten Sie sich am besten an das im folgenden Absatz empfohlene Trainingsprogramm. Wer sich zu Beginn schon überfordert, stellt die teuren Schuhe rasch wieder in den Schrank.

✳ Planen Sie für Ihr Training feste Zeiten ein: Sie tun etwas für sich, das wichtig ist! Sagen Sie Lauftermine ebenso wenig ab wie andere wichtige Termine. Wer dann erst einmal einen gewissen Trainingsstand erreicht hat, mag ohnehin kaum mehr auf seinen regelmäßigen Lauf verzichten. Bis dahin muss man sich jedoch manchmal zum Training zwingen. Tun Sie es, es lohnt sich!

✳ Laufen Sie besser vor als nach dem Essen. Die letzte Mahlzeit sollte mindestens eine, besser noch zwei Stunden zurückliegen, wenn Sie lostraben.

✳ Laufen darf anstrengen, aber nicht überanstrengen. Es sollte ihnen immer möglich sein, ruhig, gleichmäßig und tief zu atmen. Als ideale ungefähre, keinesfalls aber exakt einzuhalten-

Wer schon ein wenig älter ist und über längere Zeit sportlich inaktiv war, sollte seine Trainingsleistung unbedingt langsam aufbauen. Wer Probleme mit Herz oder Kreislauf hat oder Diabetiker ist, ist gut beraten, vor dem Beginn des Lauftrainings seinen Arzt zu konsultieren.

111

de Pulsfrequenz pro Minute während des Joggings gilt 180 minus Lebensalter. Tasten Sie ihren Puls am Hals und zählen Sie zehn Sekunden lang die Schläge. Das Ergebnis mal sechs ergibt die Frequenz pro Minute.

✳ Nach dem Laufen und der anschließenden Dusche sollte man sich frisch und voller Tatendrang fühlen. Wer sich dann schlapp und am Ende seiner Kräfte fühlt, ist zu schnell oder zu lange gelaufen.

✳ Mit geeigneter Kleidung können Sie bei jedem Wetter laufen. An heißen Sommertagen eignen sich Morgen- und Abendstunden besser zum Joggen als die Mittagszeit. Selbst im tiefsten Winter ist es in unseren Breiten nie zu kalt für einen Dauerlauf. Sie müssen sich nur warm anziehen und bei Glatteis auf gestreute Wege oder eine Sportplatzbahn ausweichen.

✳ Laufen stimuliert beim Gesunden das Immunsystem und beugt auch damit zahlreichen Erkrankungen vor. Aber laufen Sie nie, wenn Sie sich schon krank fühlen, eine Erkältung oder auch nur leichtes Fieber haben. Sonst gefährden Sie im ungünstigsten Fall Ihr Herz!

Wichtig ist, dass Sie sich während des Laufens, vor allem aber danach, körperlich und seelisch wohl fühlen. Fühlen sie sich erschöpft und überbeansprucht, haben Sie sich unangemessen gegenüber Ihrem aktuellen Trainingszustand verhalten. Dann heißt es mit Tempo und Laufdauer zurückstecken, bis sich das Wohlgefühl wieder einstellt.

In drei Monaten zum Dauerläufer

Folgendes Programm, ist für den durchschnittlich inaktiven Laufanfänger mittleren Alters gedacht. Wem es zu schnell erscheint, der kann die Gehpausen selbstverständlich auch langsamer abbauen. Wer schon besser trainiert ist, baut die Laufetappen etwas zügiger auf. Wichtig ist vor allem, dass Sie sich während des Trainings – und mehr noch danach – wohl fühlen. Wenn nicht, schrauben Sie beim nächsten Mal das Tempo oder die Laufzeit etwas zurück und steigern sie dann langsam wieder. Sobald Sie im Zusammenhang mit Ihrem Training wiederholt Schmerzen bekommen, etwa in der Brust, im Rücken oder in den Gelenken, fragen Sie sicherheitshalber immer Ihren Arzt, bevor Sie weitermachen.

Laufen – das Trainingsprogramm für Anfänger

1. Woche: Suchen Sie sich eine schöne Laufstrecke möglichst nahe bei ihrer Wohnung, etwa im Stadtwald, in einem Park, entlang eines Flusses oder Ähnliches. Nach Möglichkeit sollte der ausgesuchte Weg – zur Schonung der Gelenke – nicht asphaltiert, aber auch nicht mit zu vielen Wurzeln oder anderen Stolpersteinen behaftet sein. Legen Sie eine Rundstrecke fest, für die Sie zügig gehend etwa eine Stunde benötigen. Gehen Sie in der ersten Woche auf der Strecke nur ihre neuen Laufschuhe ein: Also drei Spaziergänge dort, wo Sie zukünftig dreimal die Woche trainieren wollen.

2. Woche: Eine Minute laufen, zwei Minuten gehen. Wiederholen Sie das siebenmal und gehen Sie dann den Rest der Strecke zügig zu Ende. Wer sich noch fit fühlt, kann den anfänglichen Laufen-Gehen-Rhythmus auch bis zum Schluss fortsetzen. Genauso gehen oder gehen/laufen Sie auch bei den zukünftigen Trainingseinheiten die jeweils verbleibende Reststrecke zu Ende. Aber keineswegs überfordern – die Ausdauer wächst mit der Übungszeit.

3. Woche: Eine Minute laufen, eine Minute gehen. Zehnmal wiederholen.

4. Woche: Zwei Minuten laufen, eine Minute gehen. Siebenmal wiederholen.

5. Woche: Drei Minuten laufen, eine Minute gehen. Fünfmal wiederholen.

6. Woche: Vier Minuten laufen, eine Minute gehen. Viermal wiederholen.

7. Woche: Fünf Minuten laufen, eine Minute gehen. Dreimal wiederholen. Anschließend noch einmal zwei Minuten laufen und eine Minute gehen.

8. Woche: Sechs Minuten laufen, eine Minute gehen. Dreimal wiederholen.

Anstatt minutenweise die Gehpausen zu verkürzen beziehungsweise die Laufetappen zu verlängern, können Sie sich auch an markanten Landschaftsmerkmalen hocharbeiten. Z. B. in der ersten Woche die erste Laufetappe bis zum Waldrand, in der zweiten Woche etwa 500 bis 1000 Meter weiter bis zum Bach, Wegkreuz, auffälligen Baumstumpf oder Ähnliches und so fort.

113

9. Woche: Acht Minuten laufen, eine Minute gehen. Zweimal wiederholen. Anschließend noch einmal drei Minuten laufen und eine Minute gehen.

10. Woche: Zwölf Minuten laufen, eine Minute gehen. Zweimal wiederholen.

11. Woche: 20 Minuten laufen, drei Minuten gehen. Ohne Wiederholung.

12. Woche: 18 Minuten laufen, eine Minute gehen. Zweimal wiederholen.

Wer will, kann im weiteren Verlauf des Trainingsprogramms je nach Laune die noch vorhandenen Gehlücken langsam schließen oder aber auch als erbauliche und zusätzlich entspannende Pausen beibehalten.

Wenn Sie so weit sind, haben Sie sich ein läuferisches Grundgerüst angeeignet, welches Sie jetzt eigenständig ausbauen können. Übertreiben Sie nicht. Mit 45 Minuten Dauerlauf dreimal die Woche haben sie nach Auskunft führender Experten das gesundheitliche Optimum erreicht.

»Meditase« auf der 400-Meter-Bahn

Wenn im Herbst die Tage kürzer werden, ist es nach Feierabend oft schon zu dunkel, um im Wald oder in einem anderen unwegsamen Gelände zu laufen. Daran müssen gute Vorsätze aber keinesfalls scheitern. Nahezu jeder Sportverein verfügt – meist rund um den Fußballplatz – über eine 400-Meter-Bahn, die am Abend im Prinzip für jeden frei zugänglich ist. Im Dunkeln große Kreise zu laufen wird keineswegs langweilig. Vielmehr lässt sich in dieser ablenkungsarmen Umgebung die erstrebenswerte Mischung aus Meditation und Extase, für die der Sportmediziner Dr. med. Hans-Wilhelm Müller-Wohlfahrt den Begriff »Meditase« kreierte, besonders leicht verwirklichen. Eine solche Laufstrecke bietet auch vielfältige Möglichkeiten, die bereits gewonnene Kondition zu überprüfen. Hier lassen sich durch die Messung von Zeit und zurückgelegter Rundenzahl neue Leistungsanforderungen festlegen. Fortgeschrittene Jogger sollten das nutzen.

Entspannungsübungen nach Jacobson

»Entspann dich« ist ein Ratschlag, den wir häufig zu hören bekommen, wenn wir über schlechten Schlaf, Lampenfieber, Nervosität oder Stress klagen. Solange wir aber nicht gelernt haben zu entspannen, können wir mit dieser gut gemeinten Empfehlung wenig anfangen. Im akuten Stresszustand nimmt man sich zwar oft vor, endlich einmal Entspannungstechniken zu erwerben, doch meist bleibt es beim guten Vorsatz. Dabei würden schon wenige Minuten täglich ausreichen, um besser gegen die vielfältigen akuten und chronischen psychischen Belastungen des Alltags gerüstet zu sein.

Eine besonders leicht und schnell zu erlernende Entspannungstechnik ist die so genannte »Progressive Muskelentspannung nach Jacobson«.

Jacobson fand den Zusammenhang zwischen innerer Unruhe bzw. Erregung und dem Zustand der Muskelanspannung heraus. Seine Methode beruht darauf, über die Muskelentspannung zu innerer Entspannung zu gelangen.

Wechselwirkung von Psyche und Muskeln

In seinen frühen Untersuchungen fand der amerikanische Psychologieprofessor Edmund Jacobson (1885–1976) heraus, dass sämtliche Gefühle von Unruhe und Erregung mit einer deutlich erhöhten Muskelanspannung einhergehen. Im Zusammenhang mit diesen Beobachtungen stellte er aber auch fest, dass sich Zustände von Angst, Erregung und Unruhe schon allein dadurch deutlich bessern, dass der Betroffene seine Muskelspannung zu reduzieren lernt.

Anspannen erleichtert entspannen

Ihre Muskeln aktiv zu entspannen fällt vielen Menschen zunächst schwer, während eine aktive Anspannung jedem möglich ist. Wird aber ein Muskel mehrere Sekunden lang fest angespannt und dann wieder locker gelassen, entspannt er sich infolge der Erschöpfung mehr oder weniger automatisch. Man spürt in der betreffenden Körperregion eine angenehme

Wärme oder sogar ein angenehmes Kribbeln. Das biomechanische Prinzip, wonach Entspannung leichter durch eine vorangehende bewusste Anspannung zu erreichen ist, hat Jacobson in sein äußerst erfolgreiches Konzept der Progressiven Muskelentspannung umgesetzt.

Idealerweise erlernt man die Technik unter kompetenter persönlicher Anleitung, beispielsweise im Rahmen eines Volkshochschulkurses. Mit Hilfe der nachfolgenden Anweisungen können Sie es zunächst aber auch autodidaktisch versuchen.

Praktische Übungen nach Jacobson

Wer die geschilderte Methode nach Jacobson längere Zeit regelmäßig praktiziert, kann irgendwann die Muskeln auch hocheffektiv entspannen, ohne sie vorher anzuspannen. Es genügt dann der gedankliche, nacheinander oder auch gleichzeitig auf verschiedene Körperregionen gerichtete Befehl »Entspannen!«.

Die folgenden Übungen sollten Sie – besonders in Stresszeiten – am besten täglich durchführen. Aber selbst wer nur einmal die Woche trainiert, hat schon einen sinnvollen Anfang gemacht. Je regelmäßiger und konsequenter Sie die Übungen durchführen, desto eher werden Sie die damit zu erzielende maximale körperliche und seelische Entspannung erfahren. Ein paar Wochen wird es bis dahin aber mindestens dauern, wenngleich erste kleine Erfolge von Anfang an motivierend verspürt werden können. Sie werden sehen – es lohnt sich, etwas Geduld aufzuwenden.

Vorbereitung

Planen Sie pro Übungseinheit etwa eine Viertelstunde ein, in der Sie nach Möglichkeit nicht gestört werden (eventuell Telefon und Türklingel abstellen). Die Übungen können im Liegen (Bett, Isomatte oder weicher Teppich) oder im Sitzen gemacht werden. Legen Sie sich flach auf den Rücken oder setzen Sie sich bequem in einen Lehnstuhl. Schließen Sie die Augen und lassen Sie sie während der ganzen Übungseinheit geschlossen. Versuchen Sie während des gesamten Übungsverlaufs kontinuierlich tief und gleichmäßig zu atmen.

116

Mit Händen und Armen beginnen

Lenken Sie jetzt ihre Aufmerksamkeit auf Ihre rechte Hand (Linkshänder können mit links beginnen). Schließen Sie sie ganz langsam zur Faust. Immer fester und fester, bis es wirklich nicht mehr fester geht. Konzentrieren Sie sich dabei auf die Empfindungen in Ihrer Hand. Halten Sie nun die maximale Spannung etwa sechs Sekunden lang aufrecht, und lassen Sie dann plötzlich unter dem gedanklichen Befehl »Entspannen!« locker. Genießen Sie etwa 30 Sekunden lang das sich in Ihrer Hand ausbreitende vielgestaltige und nicht immer gleiche Entspannungsgefühl (Wärme, Kribbeln, Erleichterung, angenehme Erschöpfung usw.). Atmen Sie gleichmäßig.

In Zeiten massiver Stressbelastung oder in akut hoch belastenden Situationen braucht aber unter Umständen auch der routinierte »Entspanner« wieder den Umweg über die Muskelanspannung.

Verfahren Sie nun auf gleiche Weise mit der anderen Hand, dann mit beiden Händen gemeinsam. Immer sechs Sekunden (entspricht in etwa zwei Atemzügen) maximal anspannen und rund 30 Sekunden (entspricht etwa acht bis zehn Atemzügen) völlig locker lassen.

Als nächstes spannen Sie mit angewinkelten Armen die Oberarmbeugemuskeln an. Zwei Atemzüge maximal anspannen, acht bis zehn Atemzüge entspannen. Jedes Mal auf die damit verbundenen Muskelempfindungen achten.

Auf gleiche Weise werden nun die Oberarmstreckmuskeln aktiviert und deaktiviert.

Grimassen schneiden

Spannen Sie nun so viele Gesichtsmuskeln wie möglich an. Verkrampfen Sie ihr Gesicht zu grotesken Grimassen: Stirn runzeln, Augen fest zusammenkneifen, Nase rümpfen, Lippen und Zähne fest zusammenpressen, Wangenmuskeln anspannen. Sechs Sekunden lang stark anspannen, danach schlagartig alle Gesichtsmuskeln locker lassen und 30 Sekunden lang die Entspannungsgefühle genießen. Wiederholen Sie ein- bis zweimal und schneiden Sie jedes Mal andere Grimassen.

Weiter über Nacken und Schultern …

Drücken Sie nun das Kinn mit aller Kraft an die Brust; sechs Sekunden lang halten, danach die Spannung für 30 Sekunden lösen. Jetzt den Kopf fest nach hinten gegen den Boden oder die Stuhllehne drücken. Nach sechs Sekunden Anspannung wieder 30 Sekunden locker lassen. Dann den Kopf nach links drehen, hier nur mäßig anspannen, locker lassen. Nun das gleiche mit Kopfdrehung nach rechts.

Ziehen Sie die Schultern hoch bis fast an die Ohren: fest, noch fester. Maximale Anspannung sechs Sekunden oder zwei Atemzüge halten, dann die Schultern wieder fallen und ganz locker lassen. 30 Sekunden oder acht bis zehn Atemzüge lang die Nachwirkungen spüren.

Schieben Sie nun die Schulterblätter nach hinten, so dass sie sich fast berühren. Maximal anspannen und entspannen.

Das Entspannungsprogramm klappt am besten, wenn man es in der von uns vorgeschlagenen Reihenfolge durchführt.

… Brust und Bauch …

Atmen Sie, so tief Sie können, in Brust und Bauch. Das maximale Atemvolumen etwa sechs Sekunden halten, dann ganz langsam ausatmen. Jetzt die Brustmuskeln an- und entspannen. Machen Sie dann für sechs Sekunden einen ganz dicken Bauch, wieder locker lassen und 30 Sekunden entspannen. Ziehen Sie jetzt den Bauch so weit wie möglich ein. Sechs Sekunden halten und dann wieder locker lassen.

... zu Po, Beinen und Füßen

Kneifen Sie die Pobacken zusammen, so fest Sie können. Wie immer sechs Sekunden halten, locker lassen und 30 Sekunden nachwirken lassen.

Nun die Beine gerade ausstrecken, die Oberschenkelmuskeln anspannen und gleichzeitig die Füße, so weit es geht, mit aller Kraft bauchwärts (also so, dass die Achillessehne gestreckt wird) kippen. Nach sechs Minuten maximaler Anspannung wieder 30 Sekunden Entspannung erleben. Jetzt Füße und Zehen in Richtung Boden drücken. Anspannen und entspannen.

Zum Schluss: Aufwachen oder Einschlafen

Durchstreifen Sie jetzt noch einmal in Gedanken den ganzen Körper. Wandern Sie von den Händen zum Kopf über Nacken, Schultern, Brust, Bauch, Po und Beine zu den Füßen. Registrieren Sie, wie sich das Entspannungsgefühl im ganzen Körper ausgebreitet hat?

Versetzen Sie sich nun zurück in den vollen Wachzustand: Ballen Sie die Fäuste, öffnen Sie die Augen, atmen Sie ein paarmal tief durch und winkeln Sie dabei mehrmals die Arme an. Dieses Schlussritual ist wichtig, wenn Sie durch die vorangegangenen Übungen nicht nur entspannt, sondern gleichzeitig ausgeruht und fit für weitere Tagesaktivitäten sein wollen. Machen Sie die Übungen allerdings als Einschlafhilfe, sollten Sie auf diesen letzten Schritt verzichten. Lassen Sie sich vielmehr während der vorletzten Übung des geistigen Wanderns durch den Körper von der aufkommenden angenehmen Müdigkeit überwältigen und ins Reich der Träume geleiten.

Je nach dem Übungsziel kann man die Tiefenentspannung nach Abschluss des Trainings »zurücknehmen« und ist dann sofort wieder geistig und körperlich fit, oder man kann den Entspannungszustand nutzen, um rasch und fest einzuschlafen.

119

Tipps für den Alltag von A bis Z

Boxen ist »in« – Aggressionen können dabei gezielt ausgelebt werden.

In der Evolution waren Aggressionen das Mittel, mit dem sich der körperlich Überlegene gegen den schwächeren Artgenossen im Kampf um Nahrung und Weibchen durchsetzte und damit einen Überlebens- und Fortpflanzungsvorteil errang.

Auf den nachfolgenden Seiten haben wir noch einmal eine Reihe von möglichen Konfliktsituationen aufgelistet, die, wenn sie nicht gelöst werden, einen Gefühlsstau hervorrufen können, der zu psychischen oder psychosomatischen Störungen führt. Die Tipps, die wir Ihnen zur Lösung solcher Probleme anbieten, sollen und können ein erster Schritt sein, sich mit der Situation auseinander zu setzen. Zeigt sich keine Lösung, ist Hilfe von außen erforderlich.

Aggressionen

Aggressionen sind ein biologisches Erbe aus einer Zeit, als noch das Recht des Stärkeren zählte.

Mit offenen Aggressionen werden wir heute noch am häufigsten im Straßenverkehr konfrontiert. Denn hier treffen mehrere Faktoren zusammen, die Aggressionen fördern: Stress und anonyme andere, die den eigenen Fortbewegungsdrang stören. Gleichzeitig bietet der Innenraum des Autos zumindest die Illusion, vor bedrohlichen Gegenreaktionen des aggressiv Bedrängten geschützt zu sein. Dass dem aber nicht so ist, zeigt die Unfallstatistik, in der immer wieder Aggression und Gegenaggression als Ursache für Unfälle auftauchen.

TIPP »Der Klügere gibt nach« gilt beinahe nirgendwo mehr als hier. Sie haben es nicht nötig, sich mit einem Drängler zu messen. Wenn Sie dagegen der trödelnde Vordermann aggressiv macht, veranstalten Sie, um sich zu beruhigen, ein kleines Gedankenspiel: Fast jeder hat in seinem Bekanntenkreis einen sympathischen Menschen, der unsicher und oft zu langsam Auto fährt. Geben Sie dem vorausfahrenden Autofahrer in Gedanken das Gesicht dieses Menschen – und ihre Aggressionen werden sofort abflauen.

Bereuen

Sie haben ein Geheimnis weitererzählt, das man Ihnen unter dem Siegel der Verschwiegenheit anvertraut hat. Oder Sie haben jemanden ungerecht behandelt oder irgendeinen anderen Fehler gemacht, der Ihnen nun schwer im Magen liegt. Manche Menschen bereuen ihre Verfehlung dann tage- bis wochenlang – manche ein Leben lang! – und quälen sich mit Selbstvorwürfen und Schuldgefühlen. Damit ist jedoch niemandem, weder Ihnen noch den anderen, geholfen.

Schuldgefühle können sensible Menschen sehr lange und sehr schwer belasten. Ein klärendes Gespräch mit demjenigen, der die Gefühle ausgelöst hat, ist meist die beste Lösung, auch wenn es schwer fällt, eigene Schuld einzugestehen.

Hier stimmt die Chemie offenbar nicht …

TIPP Falls ein Fehlverhalten Ihrerseits auf einfache Weise wieder gutzumachen ist, dann tun Sie es, beispielsweise indem Sie sich entschuldigen. Ansonsten akzeptieren Sie den gemachten Fehler als geschehen, unumkehrbar und damit als abgehakt. Dabei können Sie Ihr Gewissen zusätzlich entlasten, indem Sie sich fest vornehmen, dass so etwas das nächste Mal nicht mehr vorkommen wird.

Biofeedback

Nach einiger Zeit ist man dann auch ohne Monitorkontrolle in der Lage, gewünschte Körperreaktionen »herbeizudenken«.

Zahlreiche Körperreaktionen lassen sich allein durch Denkprozesse beeinflussen. Wenn wir uns beispielsweise darauf konzentrieren, dass der Blutdruck oder der Herzschlag sinkt, dass sich unsere Arterien erweitern oder verengen, dann können wir damit diese Reaktionen im Körper tatsächlich hervorrufen. Am schnellsten werden diese Fähigkeiten mit modernen Biofeedbackmethoden erworben. Dabei wird man an ein Gerät angeschlossen, das über außen am Körper schmerzlos angebrachte Sensoren Blutdruck, Puls und Muskelspannung misst und die Werte auf einem Computermonitor grafisch wiedergibt. Dank dieser unmittelbaren Kontrolle gelingt es, diffuse Denkprozesse rasch so zu steuern, dass sie die gewünschten Körperreaktionen herbeiführen.

TIPP Solche und ähnliche Biofeedbackmethoden eignen sich z. B. um einen situationsabhängigen Bluthochdruck ohne Medikamente zu senken oder auch um Migräneattacken vorzubeugen. Angeboten wird das Verfahren von Psychotherapeuten, Heilpraktikern und von manchen Ärzten.

Chef

Der Chef oder eine andere Autoritätsperson ist für viele ein Furcht erregender Übermensch, in dessen Gegenwart sich sofort Angstsymptome einstellen: Den Betroffenen bricht der Schweiß aus, sie können keinen klaren Gedanken fassen.

TIPP Oft wird die Angst auslösende Person in der Vorstellung etwas kleiner – und wirkt dann weniger bedrohlich –, wenn man sie sich in ganz alltäglichen Situationen vorstellt. Mit seiner Familie am Küchentisch, beim Nickerchen vor dem Fernseher – oder, zerknautscht und spärlich gekleidet, beim Zähneputzen. Der Fantasie sind hier keine Grenzen gesetzt.

Einfühlungsvermögen

Die Fähigkeit, sich in einen anderen Menschen hineinzuversetzen, sich in ihn einzufühlen, ist eine Grundvoraussetzung, um ihn wirklich zu verstehen. Allzu oft aber lassen wir eine solche Einfühlungsgabe, die in der Fachsprache auch Empathie genannt wird, vermissen und messen einen anderen an unseren eigenen Maßstäben. Dabei vergessen wir, dass jeder Mensch anders auf objektiv gleiche Tatsachen reagiert.

TIPP Denken Sie daran, wenn sich jemand Hilfe suchend an Sie wendet! Auch wenn Ihnen sein Problem nichtig erscheinen mag, für ihn wiegt es offensichtlich so schwer, dass er allein nicht mehr damit zurechtkommt.

Fokussierte Sinnlichkeit

Als »fokussierte Sinnlichkeit« bezeichnet man eine therapeutische Form des Liebesspiels. Die Methode wird Paaren empfohlen, bei denen die gegenseitige sexuelle Anziehung ermüdet ist oder bei denen ein Partner aufgrund von Leistungsdruck im Bett an Potenz oder Orgasmusproblemen leidet.

TIPP So können Sie diese Therapie selbst anwenden:
Stufe 1: Das geschlechtliche Zusammensein soll sich eine Woche lang (oder auch über einen längeren, vorher festzulegenden Zeitraum) nur auf Streicheln, Massagen und Liebkosungen beschränken. Jeder versucht, dem anderen so viel Vergnügen wie möglich zu bereiten, wobei Brüste und Genitalien nicht berührt werden dürfen. Der »Reiz des Verbotenen« steigert erfahrungsgemäß das gegenseitige Verlangen. Bei Männern mit psychisch bedingten Potenzproblemen fällt der Erwartungsdruck weg, da jetzt ohnehin keine Vereinigung angestrebt wird. Schon allein dadurch wird oft die Erektionsfähigkeit wiederhergestellt.

Über 80 Prozent aller Paare, die diese Technik praktiziert haben, berichten von einer deutlichen Verbesserung ihres Liebeslebens.

Wenn Sexualität unter Leistungsdruck steht, gehen bald alle Gefühle verloren. Frust stellt sich ein, wo vorher tiefes Verlangen war.

Stufe 2: In der zweiten Woche beginnt man das Liebesspiel wieder auf Stufe 1. Es ist jetzt aber erlaubt, es auf Brüste und Genitalien auszudehnen. Ein Geschlechtsverkehr sollte aber möglichst noch nicht stattfinden.

Stufe 3: In der dritten Woche gelangen die Paare schließlich über Stufe 1 und 2 zur Vereinigung. Sie sollen dabei jeden Augenblick genießen und nicht zwanghaft auf einen Orgasmus fixiert sein.

Gehirnjogging

Nicht nur den Körper, sondern auch das Gehirn kann man trainieren. Wer ein Leben lang regelmäßig den Kopf anstrengt, hat gute Chancen, bis ins hohe Alter geistig fit zu bleiben.

TIPP Inzwischen werden im Buchhandel unter dem Thema »Gehirnjogging« zahlreiche neu entwickelte Denksportaufgaben angeboten, die nicht nur das Gehirn trainieren, sondern auch noch Spaß machen.

Trainineren Sie nicht nur Ihren Körper, auch Ihrem Kopf tut ein bisschen Jogging gut. Geistige Fitness ist bis ins hohe Alter möglich – bei entsprechender regelmäßiger Übung.

Gewissen

Das Gewissen ist die innere moralische Instanz, die unser Verhalten und Handeln entscheidend beeinflusst. Es entsteht, indem wir Normen und Werte des sozialen Systems, in welchem wir aufwachsen, verinnerlichen und sozusagen zu einem Teil unserer Persönlichkeit machen.

Niemand handelt immer seinem Gewissen entsprechend. Immer wieder verstoßen wir dagegen, und oftmals bezahlen wir dafür mit mehr oder weniger starken Angst-, Scham- und Schuldgefühlen. Nicht selten bereitet sogar schon der Wunsch, das eigene Gewissen zu ignorieren, erhebliche innere Konflikte – Konflikte, die im ungünstigen Fall schwerwiegende psychische Störungen wie etwa Depressionen oder Angsterkrankungen nach sich ziehen können. Dabei lassen wir uns allzu oft von einem viel zu strengen Gewissen, das sich in uns aufgebaut hat, unterdrücken. Denn manche Menschen plagt schon aus nichtigen Anlässen ein schlechtes Gewissen: Beispielsweise, weil man es diese Woche nicht geschafft hat, die Fenster zu putzen, weil man mit hohem Fieber im Bett liegt und nicht zur Arbeit kann und was es dergleichen mehr gibt. Glücklicherweise lässt sich ein zumeist schon in der Kindheit entwickeltes zu strenges Gewissen, welches einen von Schuldgefühl zu Schuldgefühl treibt, auch wieder korrigieren.

Das Gewissen ist also keine bei allen Menschen in etwa gleiche feste Größe, sondern es ist von der eigenen Kultur, Schicht und vor allem auch davon abhängig, wie sehr uns unsere Eltern davor beschützt oder wie sehr sie uns dazu erzogen haben, unnötig strenge Moralvorschriften und Normen zu verinnerlichen.

TIPP Beobachten Sie sich aufmerksam, ob Sie häufig ähnliche Schuldgefühle plagen. Versuchen Sie sich selbst klarzumachen, dass beispielsweise vermutlich keiner außer Ihnen Ihre ungeputzten Fenster bemerkt, beziehungsweise, dass Sie in krankem Zustand im Büro mehr schaden als nützen würden. Gelingt es Ihnen nicht Schuldgefühle selbst abzubauen, wenden Sie sich am besten an einen Arzt. Ein effektiver Weg, solche tief sitzenden Vorstellungen aufzuarbeiten, ist eine Psychotherapie.

Homosexualität

Auch wenn die Homosexualität inzwischen vom Gesetz als normale Variante menschlicher Sexualität akzeptiert ist, wird die gleichgeschlechtliche Liebe in weiten Teilen der Gesellschaft immer noch tabuisiert und stigmatisiert. Vor allem Männer zeigen – meist »nur« verbal – oft ein feindseliges Verhalten gegen Homosexuelle. Dabei gibt es Untersuchungen, wonach besonders oft und hart gerade diejenigen heterosexuellen Geschlechtsgenossen über Schwule herziehen, die von eigenen verdrängten homosexuellen Impulsen betroffen sind. Mit dem anderen wird sozusagen eine abgelehnte eigene Eigenschaft bekämpft, ein in der Psychologie häufig zu beobachtendes Phänomen. Warum heterosexuelle Männer über Lesben, also weibliche Homosexuelle, schlecht sprechen, liegt dagegen auf der Hand: Hier werden Männer nicht gebraucht, hier kommen sie mit ihrer auf heterosexuelle Frauen ausgerichteten Art der Selbstdarstellung nicht an.

Wem es schwer fällt, sich offen zu seiner Homosexualität zu bekennen, kann mit der Hilfe Gleichgesinnter rechnen. Es gibt inzwischen zahlreiche Selbsthilfegruppen von Schwulen und Lesben, die den notwendigen Rückhalt vermitteln.

TIPP Wer selbst homosexuelle Neigungen verspürt und versucht, sie ein Leben lang zu verstecken, wird dies entweder nicht schaffen oder psychische Störungen wie Ängste oder Depressionen entwickeln. Deshalb: Lernen Sie Ihre Homosexualität akzeptieren.

Zahlreiche Eltern reagieren immer noch entsetzt, wenn sie zum ersten Mal mit homosexuellen Neigungen ihres Sohnes oder ihrer Tochter konfrontiert werden. Akzeptieren Sie Ihr Kind so, wie es ist! Bestrebungen, durch erzieherische Einflussnahme oder gar therapeutische Bemühungen eine »Umpolung« zu erreichen, sind nahezu immer zum Scheitern verurteilt und richten in der Seele des Betroffenen oft viel Schaden an. Nach Auffassung der modernen Psychologie soll eine Therapie, wenn überhaupt, nur dazu dienen, gegebenenfalls die eigene Homosexualität besser akzeptieren zu lernen.

Hyperventilation

Als Hyperventilation wird eine ungewöhnlich tiefe und zugleich rasche Atmung bezeichnet. Sie tritt zumeist als Reaktion auf akute Angstzustände auf. Hyperventilation führt zu einer vermehrten Kohlendioxidabatmung und bewirkt ein zunehmendes Säure-Basen-Ungleichgewicht im Körper.

Symptome sind dann Taubheitsgefühle in den Gliedmaßen, schmerzhafte Muskelkrämpfe und das täuschende Gefühl, nicht richtig atmen zu können. Die daraus resultierende verstärkte Angst forciert die Hyperventilation, und es entwickelt sich ein Teufelskreis, der oft erst durch eine Ohnmacht unterbrochen wird.

Auch Schockreaktionen, z. B. nach Verkehrsunfällen oder in anderen Gefahrensituationen, können die Hyperventilation auslösen. Wichtig ist es, sich in der entsprechenden Lage rechtzeitig auf die Hilfsmaßnahmen zu besinnen.

TIPP Eine gute Möglichkeit, vorher einzugreifen, ist, für kurze (!) Zeit in eine Plastik- oder Papiertüte zu atmen. Die Rückatmung aus der Tüte vermindert den Kohlendioxidverlust, und die damit verbundenen Symptome flauen ab. Meist findet der Betroffene dann zu einem normalen Atemrhythmus zurück. Unterstützend wirkt beruhigendes Zureden.

Intelligenztest

Intelligenztests bestehen aus einer Serie von Aufgaben unterschiedlichen Schwierigkeitsgrades, die der zu Testende lösen muss. Zwar kommen inzwischen zunehmend nichtsprachliche Tests zum Einsatz, welche verfälschende Einflüsse von Kultur, Schicht und Vorbildung weitgehend ausblenden sollen. In Fachkreisen ist jedoch nach wie vor heftig umstritten, inwieweit das Ergebnis aus solchen Tests tatsächlich Rückschlüsse auf praxisrelevante intellektuelle Fähigkeiten eines Menschen erlaubt. Ungeachtet dieses wissenschaftlichen Streits setzt heute eine wachsende Zahl von Betrieben Intelligenz- und Eignungstests ein, mit deren Hilfe Kandidaten für bestimmte Positionen geprüft und ausgewählt werden.

TIPP Um bei solchen Tests möglichst gut abzuschneiden, ist es sinnvoll, sie vorher zu üben. Entsprechende Testbücher gibt es im Buchhandel. Auch wenn man dann im »Ernstfall« nicht unbedingt den gleichen Test, den man bereits geübt hat, vorgesetzt bekommt, ist einem zumindest das jeweilige Prinzip schon bekannt. Dies allein kann die Lösung bereits deutlich erleichtern.

Interviews

Wer weiß, dass er solchen »Drückern« gegenüber immer wieder schwach wird, sollte sich auf Verhandlungen an der Haustür erst gar nicht einlassen. Seriöse Firmen machen davon ohnehin keinen Gebrauch.

Scheinbare Interviews werden immer wieder missbraucht, um bei unseriösen Haustürgeschäften die erste Kontaktaufnahme zu erleichtern. Im Verlauf derart taktischer, aber unverfänglich beginnender Interviews driften die Fragen zum Schluss hin in Richtung des eigentlichen Anliegens ab. »Würden Sie das Schicksal X (Strafgefangene, ehemalige Drogensüchtige, Behinderte, etc.) mit dem Kauf eines Zeitungsabonnements unterstützen?«, ist dann zum Beispiel eine beliebte letzte Frage. Sie zu verneinen, fällt nun wesentlich schwerer, als wenn man sofort und unverblümt mit diesem Verkaufsangebot konfrontiert worden wäre.

TIPP Bleiben Sie trotzdem hart und lassen Sie sich nicht auf Haustürgeschäfte ein. Seriöse Unternehmen haben Haustürgeschäfte nicht nötig. Sind Sie dennoch einmal schwach geworden, können Sie Zeitschriftenabonnements oder andere an der Haustür unterschriebene Verträge innerhalb von sieben Tagen nach der Unterschrift kündigen.

Kleptomanie

Kleptomanie ist eine psychische Störung, bei der Menschen von einem ungeheuren Zwang getrieben werden, etwas zu stehlen. Solcherart motivierte Diebstähle hängen weder von einer finanziellen Notlage ab, noch wird das erbeutete Gut oft wirklich benötigt. Kleptomanikern ist das Unrecht ihrer Tat bewusst. Dennoch können sie nicht anders. Betroffene benötigen keine Strafe, sondern eine Therapie.

TIPP Wer an Kleptomanie leidet, sollte sich an eine örtliche psychologische Beratungsstelle oder aber, wenn er absolut anonym bleiben will, an die Telefonseelsorge (siehe Seite 140) wenden, um mögliche Schritte zur Lösung zu besprechen.

Die Erhöhung der Lebensqualität ist ein Ziel, das in den Therapieprogrammen von Psychologie und Medizin immer mehr an Bedeutung gewinnt.

Lebensqualität

Während der Erfolg medizinischer Interventionen bis vor kurzem in erster Linie danach bemessen wurde, inwieweit damit ein abnormer Laborwert normalisiert oder das Leben verlängert werden konnte, berücksichtigt man heute immer mehr auch die damit verbundenen Einflüsse auf die Lebensqualität. Beispielsweise ist für die Wahl des richtigen Blutdruckmittels heute nicht nur entscheidend, wie gut damit Blutdruck normalisiert werden kann, sondern auch, wie sich der Patient subjektiv danach fühlt.

Lebensqualität ist heutzutage ein häufig verwendeter Begriff, unter dem jeder etwas anderes versteht. Für den einen ist es materieller Wohlstand, für den anderen ist es eine große Familie, für den dritten ist es die perfekte Beziehung. Auch in der Medizin wird dieser Begriff mittlerweile verwendet.

TIPP Wenn es Ihnen also nach Verabreichung eines Medikaments über lange Zeit schlechter geht als vorher und der Arzt sagt, das müsse eben so hingenommen werden: Glauben Sie es erst, wenn es ein zweiter Arzt oder ein kompetenter Vertreter einer Selbsthilfegruppe, so weit es diese für Ihre Krankheit gibt (siehe Seite 140), bestätigt.

Linkshändigkeit

Die früher oft praktizierte »Rechtsdressur« von Linkshändern wird heute von Medizinern und Psychologen strikt abgelehnt, da anderenfalls Geschicklichkeitseinbußen und eventuell sogar seelische Entwicklungsprobleme befürchtet werden.

Die Veranlagung zum bevorzugten Gebrauch der linken Hand ist angeboren. Etwa fünf Prozent aller Männer sind Linkshänder, Frauen sind seltener betroffen.

TIPP Wenn Ihr Kind Linkshänder ist, versuchen Sie nicht, es zum Rechtshänder zu machen. Im Gegenteil: Erleichtern Sie ihm den Alltag, indem Sie auf diese Eigenheit Rücksicht nehmen. Besorgen Sie ihm die eigens für Linkshänder entwickelten Alltagsdinge wie Scheren und anderes Werkzeug. Informieren Sie sich in Linkshänderberatungen und Selbsthilfegruppen (siehe Seite 140).

Nachahmung

Nachahmung ist eines der Grundprinzipien menschlichen Lernens. Besonders Kinder zeigen ausgeprägte Tendenzen, vieles, was sie bei Erwachsenen sehen, nachzuahmen. Verbal vermittelte Erziehungsvorgaben können durch gegenteilige Verhaltensweisen, die Kinder bei Erwachsenen sehen, überboten werden.

TIPP Denken Sie daran, wenn Sie rauchen oder eine Straße trotz roter Ampel überqueren. Die Appelle an Ihre Kinder sind fruchtlos, solange Sie selbst kein gutes Beispiel geben. Alle Argumente – auch wenn sie noch so stichhaltig sind – haben keine Wirkung, wenn Sie selbst sie nicht beherzigen.

Nein sagen

Wer nicht gelernt hat, nein zu sagen, wird von seiner Umwelt rasch überfordert: Man passt bereitwillig auf die Kinder der Nachbarin auf, obwohl man eigentlich gar keine Zeit dazu hat, man lässt sich vom Kollegen im Büro eine ungeliebte Zusatzarbeit aufdrängen, die einen den Feierabend kostet, man verleiht sein Auto, gießt fremde Blumen, repariert anderer Leute Computer und so fort. Da man dann früher oder später viele Versprechungen, die man gemacht hat, gar nicht einhalten kann oder zumindest die eigene Laune unter den vielen Zusatzjobs leidet, wird man trotz bestem Willen leicht als unzuverlässig oder launisch abqualifiziert und macht sich auf diesem Weg sogar unbeliebt.

Wer immer und zu allem nur ja sagt, wird bald überfordert sein. Wenn er dann die eingegangenen Versprechungen nicht einhalten kann, kann einer, der es allen recht machen wollte, sogar abgelehnt und verspottet werden.

TIPP Überlegen Sie es sich ganz genau, bevor Sie Hilfe oder eine Dienstleistung zusagen. Haben Sie keine Angst vor entschiedenen Neins. Wem es auf eigene Faust nicht gelingt, ein besserer Neinsager zu werden, dem kann eine kurze Verhaltenstherapie helfen.

Onanie

Anderes Wort für Selbstbefriedigung. Sie wird von fast allen Jungen und vielen Mädchen ab der Pubertät praktiziert und ist auch später eine völlig unschädliche Form sexuellen Abreagierens. Schädlich war nur die bis vor wenigen Jahrzehnten massiv betriebene Verteufelung der Onanie, die im Bewusstsein mancher Menschen bis heute nachwirkt. Generationen von Jugendlichen wurden auf diese Weise Schuldgefühle eingepflanzt, die sie oft ein ganzes Leben lang begleiteten.

TIPP Wenn Sie bemerken, dass Ihr Kind onaniert: Unternehmen Sie nichts, um es davon abzuhalten; dieses Verhalten ist ganz normal.

Gelingt es Ihnen nicht, das schlechte Gewissen beim Onanieren oder danach selbst zu vertreiben und haben Sie regelmäßig belastende Schuldgefühle, kann Ihnen eine Psychotherapie helfen: Wenden Sie sich an einen Arzt.

Wenn Sie selbst onanieren und ein schlechtes Gewissen dabei haben: Machen Sie sich klar, daß dieses Verhalten normal und natürlich ist, dass es erlaubt ist und keinerlei schädliche Auswirkungen hat.

Planen

Überlastung und damit verbundener Arbeitsstress kann oft schon durch die richtige Planung vermindert werden. Tages-, Wochen- und Monatspläne machen das zu Erledigende kalkulierbarer, und man kann verhindern, dass einem die Arbeit über den Kopf wächst.

TIPPS: DAS RATEN EXPERTEN

✳ Eins nach dem anderen erledigen. Zu viele Aufgaben und Verpflichtungen führen zu Desorganisation und Chaos.

✳ Eine Rangfolge festlegen, um nicht die Dinge aus den Augen zu verlieren, die Vorrang haben und unbedingt erledigt werden müssen.

✳ Für jede Arbeit eine angemessene Zeit festlegen und auch Reservezeiten einplanen für unvorhergesehene Ereignisse wie Fehlerkorrekturen und Ähnliches.

✳ Nicht die eigene Leistung überschätzen und im Zeitplan auch erfahrungsgemäß auftretende Hochs wie Tiefs berücksichtigen.

✳ Immer versuchen, neue effektivere Arbeitsmethoden zu finden, um die Organisation besser in den Griff zu bekommen.

Placeboeffekt

Der Placeboeffekt ist ein eindrucksvoller Beweis für die Macht der Psyche über den Körper. Placebos sind Tabletten oder Säfte, die vorgeblich gegen eine Krankheit wirken, etwa gegen Bluthochdruck, die jedoch keinerlei Wirkstoffe enthalten. Allein der Glaube an die Wirksamkeit des eingenommenen Mittels führt nun bei einer gewissen Anzahl von Versuchspersonen dazu, dass die vorgebliche Wirkung tatsächlich eintritt. So sinkt etwa der Blutdruck, obwohl der Patient nur eine als Medikament getarnte Traubenzuckerpastille geschluckt hat. Placeboeffekte sind allerdings häufig auch verantwortlich für vermeintliche Nebenwirkungen von Tabletten. Denn liest ein Patient auf dem Beipackzettel die Liste der nicht selten bedrohlich anmutenden möglichen Begleiterscheinungen einer Medikamenteneinnahme, kann bereits die Angst davor entsprechende Symptome nach sich ziehen.

TIPP Sprechen Sie in einem solchen Fall mit Ihrem Arzt. Er wird klären, ob Sie tatsächlich unter den Nebenwirkungen leiden und Sie gegebenenfalls entsprechend behandeln.

Prämenstruelles Syndrom

Zahlreiche Frauen leiden zwischen Eisprung und Beginn der Regelblutung für einige Tage am so genannten Prämenstruellen Syndrom. Neben körperlichen Befindlichkeitsstörungen wie Spannungen in der Brust, Kopf-, Rücken- und Unterleibsschmerzen werden die Betroffenen vor allem von psychischen Beschwerden geplagt: Nervosität, Unruhe, Reizbarkeit bis hin zu schweren Depressionen. Mit Eintreten der Blutung verschwinden die Beschwerden meist schlagartig. In der englischen Rechtsprechung wird das Prämenstruelle Syndrom sogar als mildernder Umstand bei kleineren Delikten, wie etwa Kaufhausdiebstählen, anerkannt.

TIPP Betroffene Frauen müssen diese Beschwerden nicht hinnehmen: Gegen sie ist manches Kraut gewachsen. Heilpflanzentees und –bäder könne die psychischen wie die physischen Symptome lindern, auch eine Magnesiumgabe hilft man-

Schon die Kenntnis möglicher Risiken oder Gefahren löst bei manchen Menschen die Einbildung aus, als würden sie von den Wirkungen dieser Risiken oder Gefahren bereits betroffen.

chen Frauen. Im Gespräch mit der Frauenärztin/dem Frauenarzt sollten Betroffene klären, ob bei stärkeren Beschwerden eventuell auch Medikamente eingesetzt werden können.

Reinlichkeitszwang

Der so genannte Reinlichkeitszwang und andere Tics können sich, wenn sie nicht behandelt werden, zu regelrechten Neurosen auswachsen. Sie zählen wie die Phobien zu den psychischen Störungen, die besonders weit verbreitet sind.

Reinlichkeit ist ein Wert, dem die meisten Menschen eine hohe Bedeutung zumessen. Bei manchen wird das Bedürfnis, sich oder anderes, etwa die Wohnung, sauber zu halten aber zu einem zwanghaften Verhalten. Sie waschen sich oft stündlich oder noch öfter die Hände und duschen mehrmals am Tag. Diese Unsitte ist eine gar nicht so seltene Ursache von zunächst unerklärlichen Erkrankungen der Haut, welche durch die ständige Entfettung überfordert wird, austrocknet und anfällig für Pilz- oder Bakterieninfektionen wird.

Andere Reinlichkeitsfanatiker wiederum putzen permanent die eigentlich schon saubere Wohnung und sind stolz darauf, dass man bei ihnen vom Fußboden essen könnte (doch wer will das schon?). So mancher, der besessen die Wohnung putzt, wird zudem von einem strengen Ordnungsfimmel geplagt, der die Umgebung oft zur Verzweiflung treibt.

Der Übergang von einem angemessenen Reinlichkeitsverhalten zu zwanghafter Übersteigerung ist fließend und kaum konkretisierbar, so dass die wenigsten Betroffenen sich dessen bewusst sind, dass ihr Verhalten inzwischen zwanghaft geworden ist.

TIPP Spätestens wenn Sie merken, dass Ihr Reinlichkeitszwang Hautbeschwerden nach sich zieht oder Ihnen infolge ständigen Putzens keine Zeit mehr für die angenehmen Dinge des Lebens bleibt und das Familienleben darunter leidet, sollten Sie etwas dagegen unternehmen. Wenn Sie es nicht alleine schaffen, Ihre Reinlichkeitsansprüche herunterzuschrauben, sollten Sie mit Ihrem Arzt darüber sprechen.

Selbstmord

Allein in Deutschland bringen sich jährlich 10000 bis 16000 Menschen um. Und schätzungsweise zehn- bis zwanzigmal so viele begehen einen nicht tödlichen Selbstmordversuch. Meist sind Depressionen oder andere schwere psychische Belastungssituationen wie beispielsweise Liebeskummer die Ursache. Selbstmorde sind nur selten das Ergebnis einer rationalen Entscheidung: etwa wenn ein unheilbar Krebskranker nach gründlicher Bilanzierung zu dem Schluss kommt, es lohne sich nicht mehr zu leben. Viel häufiger sind sie eine Kurzschlusshandlung, die schon einige Stunden später oder nach einem Gespräch nicht mehr begangen worden wäre. Oder aber Menschen wollen durch ihren Selbstmord auf ihre verzweifelte Lage aufmerksam machen, ohne dabei die unumkehrbare Konsequenz ihres Tuns wirklich zu realisieren.

TIPP Äußerungen von Personen, dass sie den eigenen Freitod in Erwägung zu ziehen, sind immer ein ernstes Alarmsignal, das Freunde und Verwandte keinesfalls ignorieren dürfen. Sobald eindringliche Gespräche den Verdacht auf eine verzweifelte und selbstmordgefährdete Situation der betreffenden Person bestätigen und man selbst nicht zu umfassender Hilfe in der Lage ist, sollte man unbedingt auf eine rasche psychologische Beratung drängen oder sie selbst in die Wege leiten, wenn der Betroffene dazu nicht in der Lage oder willens ist. Kontakte vermitteln Ärzte oder auch die Telefonseelsorge.

Der Suizid ist immer der letzte Versuch, die Umwelt auf scheinbar unüberwindbare Probleme aufmerksam zu machen. Deshalb sollte auch jede Äußerung von Selbstmordgedanken eines Menschen sehr ernst genommen werden. Oft hilft schon ein Gespräch, um Lösungswege für die Probleme aufzuzeigen.

Über 10000 Menschen begehen pro Jahr in Deutschland Selbstmord.

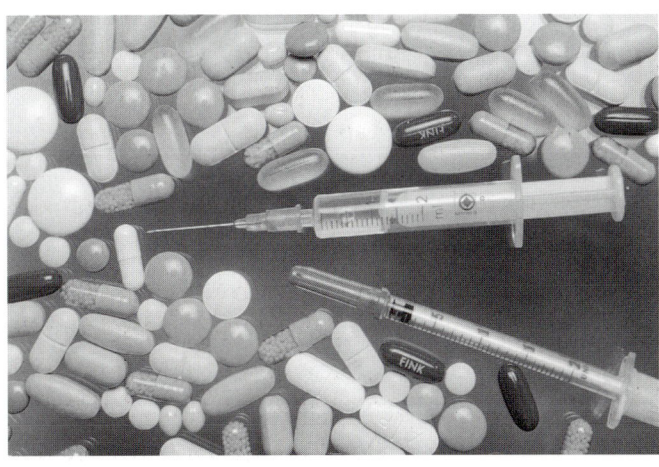

Selektive Wahrnehmung

Wenn wir gezielt einen bestimmten Menschen in einer Menschenmenge suchen und wenn wir uns noch dazu bestimmte optische Suchhilfen vergegenwärtigen, fällt er uns wesentlich leichter auf, als wenn die gleiche Person zufällig und unerwartet an uns vorbeiläuft.

Aus unserer Umwelt strömt permanent eine Vielzahl von optischen und akustischen Reizen auf uns ein. Um uns in diesem nahezu unendlichen Reizchaos, welches das Gehirn nie in seiner Gesamtheit bewusst verarbeiten könnte, zurechtzufinden, hilft uns die selektive Wahrnehmung. Das heißt, wir filtern automatisch aus der Gesamtheit aller Eindrücke nur einen für uns wichtigen Bruchteil heraus. Neben grundsätzlich die Aufmerksamkeit erregenden Alarmsignalen sehen wir deshalb vor allem das, was wir erwarten zu sehen oder was wir sehen wollen.

Jeder Mensch hat eine anders ausgestaltete selektive Wahrnehmung. Die alltäglichen und für jeden wichtigen Notwendigkeiten registrieren wir zwar in etwa gleichermaßen. Daneben gibt es jedoch zahllose Besonderheiten. So fällt zum Beispiel einem Hobbyvogelforscher während eines Spaziergangs jeder vorbeifliegende oder in der Nähe zwitschernde Vogel auf. Einem zur gleichen Zeit die gleiche Strecke entlanglaufenden und an der Vogelwelt eher desinteressierten Jogger bleiben die meisten gefiederten Freunde dagegen verborgen.

Sind wir allerdings erst einmal auf einen bestimmten Reiz eingestellt, fällt er uns in Zukunft oft auf – ob wir wollen oder nicht. Dies weiß besonders gut die Werbepsychologie für ihre Zwecke zu nützen. Um unsere Aufmerksamkeit auf ein Produkt zu lenken, koppelt sie es mit einem Reiz von hohem Stellenwert: Einem bekannten Ohrwurm als musikalische Untermalung, ansprechenden Farbenspielen oder erotischen Bildern.

TIPP Diese Erkenntnisse können Sie sich in Alltagssituationen zunutze machen. Wenn Sie beispielsweise Ihre Freundin im Menschengewimmel aus den Augen verloren haben, werden Sie sich leichter tun, sie wiederzufinden, wenn Sie sich etwa daran erinnern, dass sie einen weißen Mantel trug.

Therapie

Während medizinische Therapien jeglicher Art in der Bevölkerung als ganz selbstverständliche Maßnahmen akzeptiert sind, bestehen gegenüber Psychotherapien immer noch große Vorbehalte. Eine Psychotherapie erscheint vielen suspekt und wirkungslos; Betroffene verschweigen ihre Therapie, weil sie befürchten, als nicht normal zu gelten, sobald sie entsprechende Hilfe in Anspruch nehmen.

»Ich bin doch nicht verrückt!« – das ist noch immer eine häufig geäußerte Reaktion auf die Empfehlung, einen Psychologen aufzusuchen oder es einmal mit einer Psychotherapie zu versuchen.

Suspekt erscheint in der Regel das, was man nicht kennt. Während beispielsweise jeder von klein auf regelmäßig zum Arzt geht und es deshalb als völlig normal erachtet, körperliche Beschwerden rasch abklären und behandeln zu lassen, wird trotz erheblicher seelischer Leiden die Möglichkeit einer Psychotherapie nur zögerlich ins Auge gefasst. In amerikanischen Großstädten ist die Hemmschwelle, zum Psychotherapeuten zu gehen, ähnlich niedrig wie die, einen Arzt aufzusuchen. Wahrscheinlich ist es eine Frage der Zeit, bis auch bei uns die Entwicklung in diese Richtung geht. Schon heute gilt, dass eine Psychotherapie umso eher in Anspruch genommen wird, je höher der Bildungsgrad ist. Dies bedeutet nun nicht, dass Gebildete öfter entsprechende Hilfe bräuchten. Es fällt ihnen nur leichter, sie zu akzeptieren und als normal zu erachten.

Was die unterstellte Wirkungslosigkeit betrifft, sollte man bedenken, dass zumindest die beiden etabliertesten Psychotherapieformen, also psychoanalytisch und verhaltenstherapeutisch orientierte Behandlungen, von den Krankenkassen erstattet werden. Und bevor sich die Kassen bereit erklären, eine bestimmte Leistung in ihren Erstattungskatalog aufzunehmen, prüfen sie sehr genau, inwieweit diese Leistung den behaupteten Erfolg erbringt.

Über die Wirksamkeit von psychotherapeutischen Maßnahmen besteht heute kein Zweifel mehr. Die meisten Leistungen werden auch von den Krankenkassen bezahlt.

TIPP Wenn Sie psychische Probleme haben, scheuen Sie sich nicht davor, die Hilfe eines Psychotherapeuten in Anspruch zu nehmen. Leiden nicht Sie selbst, sondern eine nahe stehende Person unter den seelischen Beschwerden, unterstützen Sie den Wunsch nach einer Psychotherapie oder vermitteln Sie dem Betroffenen entsprechende Hilfe, wenn er selbst am Sinn und Nutzen einer solchen Therapie zweifeln sollte.

Träume

Jeder Mensch träumt im Schlaf. Menschen, die angeblich traumlos schlafen, können sich lediglich nicht an ihre Träume erinnern. Träume, nach denen man sofort aufwacht, verankern sich am deutlichsten im Bewusstsein.

Träume sind unverzichtbar für einen erholsamen Schlaf. Deshalb hat es die Natur so eingerichtet, dass wir jede Nacht eine ganze Reihe von Träumen haben, auch wenn wir uns möglicherweise an keinen einzigen erinnern.

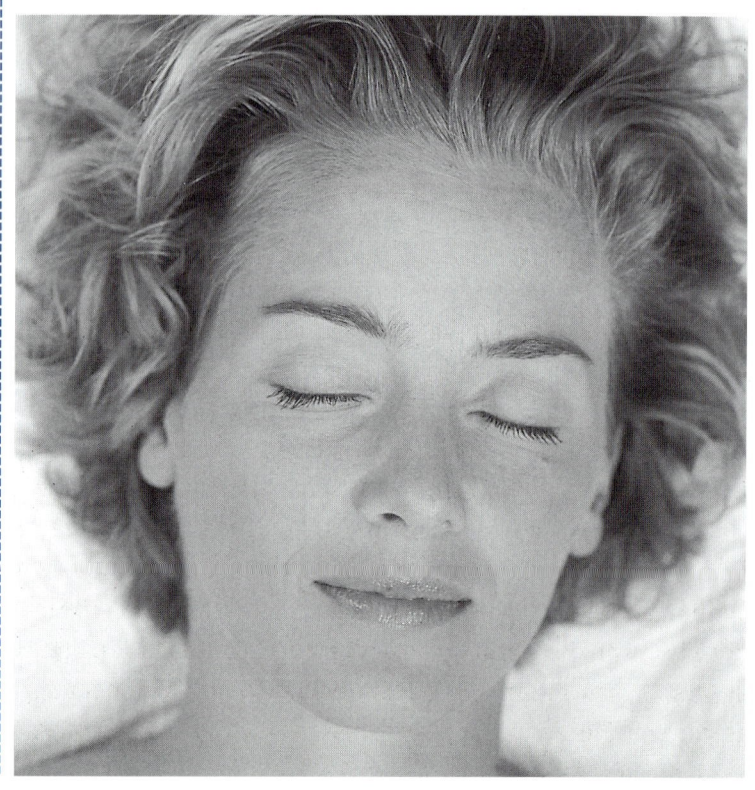

TIPP Bewerten Sie selbst gedeutete Träume keinesfalls zu stark als Vorausschau auf zukünftige Ereignisse. Weder gestatten sie einen Blick in die eigene Zukunft noch sollten voreilige Schlüsse von Trauminhalten auf tatsächliche Motive des Träumers gezogen werden. Wer beispielsweise vor einer Flugreise von einem Flugzeugabsturz träumt, erhält damit keineswegs einen Wink des Schicksals. Möglicherweise, nicht zwingend, kann ein solcher Traum aber Hinweis auf eine bewusst oder unbewusst vorhandene Flugangst sein. Und wer sich im Traum scheiden lässt, muss sich keinesfalls mit eigenen verdrängten Trennungsgedanken tragen, sondern er verarbeitet vielleicht nur eine Fernsehsendung oder die Erzählungen der Kollegin. Wer seinen Träumen zu viel Bedeutung beimisst, gerät in die Gefahr, depressiv zu werden.

Wut

Wut ist eine häufige Gefühlsregung, die wir alle kennen. Akut wütend, lässt man sich oft zu Taten oder Worten hinreißen, die man normalerweise nie begehen oder aussprechen würde. Bevor man also wutentbrannt voreilig Porzellan zerschlägt, das dann vielleicht nicht mehr zu kitten ist, sollte man immer erst das Gemüt kühlen und dann handeln. Oft hilft es, erst einmal ganz ruhig von eins bis zehn zu zählen.

Wenn die Wut beim Telefonieren kommt: Legen Sie den Telefonhörer auf, lassen Sie einige Zeit verstreichen und rufen Sie dann nochmals an, um Ihren Kommentar zum Thema zu geben, er wird dann gemäßigter ausfallen.

TIPP Wenn Sie in einer Auseinandersetzung spüren, wie in Ihnen die sprichwörtliche »kalte Wut hochsteigt«: Gehen Sie aus dem Zimmer oder aus der Wohnung und atmen Sie tief durch. Wenn Sie Ihre Wut dann immer noch irgendwie abreagieren müssen, tun Sie das auf unschädliche Weise, indem Sie etwa Kissen an die Wand werfen oder joggen gehen. Oder: Stellen Sie sich Ihr von der Wut ins Hässliche verzerrte Gesicht vor, entspannen Sie dann Ihr Gesicht ganz bewusst. Sie werden sehen, die Wut ist dann schnell vorbei.

Wichtige Adressen

Telefonseelsorge

Wenn Sie einmal verzweifelt oder in einer sonstigen psychischen Notlage sind, bietet die Telefonseelsorge jedem als Soforthilfe rund um die Uhr eine einfühlsame Aussprache an. Sie brauchen keinen Namen zu nennen und bleiben völlig unerkannt. Der Anschluss ist kostenlos bundesweit zu erreichen unter den Rufnummern

0800/111 0 111 und 0800/111 0 222.

Falls Sie längerfristige Hilfe benötigen, können Ihnen die psychologisch geschulten Mitarbeiter der Telefonseelsorge auch die Adressen von wohnortnahen, für Ihr jeweiliges Problem geeigneten Beratungsstellen nennen.

Selbsthilfegruppen

In Deutschland gibt es inzwischen zu sehr vielen Krankheiten und Problemstellungen kompetente Selbsthilfegruppen. Dort stehen hoch engagierte aktuell oder ehemals Betroffene Hilfe suchenden anderen Betroffenen und deren Angehörigen mit Rat und Tat zur Seite. Gegenwärtig existieren bundesweit rund 60 000 Gruppen organisierter Schicksalsgefährten.

Wenn sie wissen wollen, ob und wo es für Ihr konkretes Problem schon eine Selbsthilfegruppe gibt oder wenn Sie selbst eine Selbsthilfegruppe gründen wollen und strategische Informationen brauchen, wenden Sie sich bitte per Brief, Telefon oder Fax an:

NAKOS – Nationale Kontakt- und Informationsstelle zur Anregung und Unterstützung von Selbsthilfegruppen der Deutschen Arbeitsgemeinschaft Selbsthilfegruppen e.V., Albrecht-Achilles-Straße 65, 10709 Berlin. Tel. 030/891 40 19, Fax: 030/893 40 14.

Der Autor des Buches

Werner Stingl, geboren 1956, studierte Soziologie, Soziobiologie und Psychologie in München. Er arbeitet seit 1989 als freier Wissenschaftsjournalist vorrangig für die medizinische Fachpresse. Sein besonderes Interesse gilt Themen aus den Bereichen Epidemiologie, Ethnomedizin, Psychiatrie, Psychologie, Sexualmedizin und vergleichende Verhaltensforschung.

Haftungsausschluss

Die Inhalte dieses Buches sind sorgfältig recherchiert und erarbeitet worden. Dennoch können weder Autoren noch Verlag für alle Angaben im Buch eine Haftung übernehmen.

Die Deutsche Bibliothek – CIP Einheitsaufnahme

Werner Stingl
Praktische Psychologie. Selbsthilfe in brenzligen Situationen /
Werner Stingl – Augsburg: Midena 1997
ISBN 3-310-00441-4

Bildnachweis

Bilderberg Archiv der Fotografen GmbH, Hamburg: 9 (Nomi Baumgartl), 25 (Ellerbrock & Schafft), 27 (Nomi Baumgartl), 85 (Hans J. Ellerbrock), 89 (Hans J. Ellerbrock), 105 (S. Elleringmann), 138 (Nomi Baumgartl); Foto Traudel Bühler, Augsburg: 53, 63, 94, 108, 121; MEV Verlag GmbH, Augsburg: 2, 20, 22, 32, 91, 110, 118, 120, 129; Grafikdesign Simon Noack, Augsburg: 7, 45, 74, 90, 100; PhotoPress Bildagentur GmbH, Stockdorf/München: 4, 10, 14, 17, 38, 40, 50 (Gerhard), 54 (Kiepke), 58 (Kopper), 69 (Jakob), 70 (Gerhard), 79 (Tonko), 124 (Gerhard); Studio für Illustration und Fotografie Sascha Wuillemet, München: 135

Literatur

Daco, Pierre: Psychologie für jedermann. Weltbild Verlag GmbH. Augsburg 1996

Fassel, Diane: Wir arbeiten uns noch zu Tode. Die vielen Gesichter der Arbeitssucht. Droemersche Verlagsanstalt Th. Knaur Nachf. München 1994

Jaeggi, Eva/Hollstein, Walter: Wenn Ehen älter werden. Liebe, Krise, Neubeginn. Deutscher Taschenbuch Verlag GmbH & Co. KG. München 1994

Kraiker, Christoph/Peter, Burkhard (Hrsg.): Psychotherapieführer. C. H. Beck. München 1994

Naumann, Frank: Erste Hilfe für die Seele: Beistand in Notsituationen, Lebenskrisen und Konflikten. Verlag Sport und Gesundheit GmbH. Berlin 1996

Müller-Wohlfahrt, Hans-Wilhelm/Kübler, Ulrich: Hundert Prozent fit und gesund: Das Geheimnis des gesunden Menschen. Edition ferenczy bei Bruckmann GmbH & Co. Verlags KG. München 1993

Impressum

Es ist nicht gestattet, Abbildungen und Texte dieses Buchs zu digitalisieren, auf PCs oder CDs zu speichern oder auf PCs/Computern zu verändern oder einzeln oder zusammen mit anderen Bildvorlagen/Texten zu manipulieren, es sei denn mit schriftlicher Genehmigung des Verlages.

Midena Verlag, Augsburg
© 1997 Weltbild Verlag GmbH
Alle Rechte vorbehalten

2. Auflage 1998

Redaktion: Doris Steinbacher/Peter Ebert
Bildredaktion: Miriam Zöller
Umschlag: Elisabeth Petersen, München
Layout: Christine Paxmann, München
DTP-Produktion: AVAK Publikationsdesign, München
Druck und Bindung: Offizin Andersen Nexö, Grafischer Großbetrieb, Leipzig

Gedruckt auf chlorfrei gebleichtem Papier

Printed in Germany

ISBN 3-310-00441-4

Register

Register

Alten Israel die Verehrung weiblicher Gottheiten, heiliger Bäume oder Tiere viel weiter verbreitet war, als spätere Theologien, die Israel als rein monotheistisch darzustellen sich bemühen, vermuten lassen. Heute sympathisiert, »ein großer Teil der ... europäischen Gesellschaft mit den alten polytheistischen, ›heidnischen‹ Religionen«,[53] und zwar im Allgemeinen nicht, weil Europa die Errungenschaften seiner monotheistischen Traditionen grundsätzlich in Abrede stellen würde. Vielmehr erkennen wir heute auch die Mängel des patriarchal vereinnahmten Glaubens an den EINEN und versuchen, das Ausgegrenzte neu anzunehmen, weniger aus Freude am Protest als vielmehr im Interesse eines pfleglicheren Umgangs mit uns selbst, den ANDEREN und unserer natürlichen Mitwelt. Die Liebe zu unseren religiösen Bindungen müssen wir dadurch nicht aufgeben:

»Die Wiederentdeckung und Respektierung der positiven Werte des Judentums ... verlangen von Christen und Christinnen keine Rückkehr zum Judentum, die Wiederentdeckung und Respektierung der positiven Werte der kanaanäischen Religionen verlangen keine Rückkehr ins ›Heidentum‹. Aber sie verlangen ... die Bereitschaft zur heilsamen Umkehr. Das Leiden an den Verdrängungen, Engführungen und Verhärtungen der eigenen Lebensgeschichte suchen viele Menschen in schmerzhaft befreienden Erinnerungsprozessen mit Hilfe der Psychotherapie zu heilen. Die kollektive – seelische – Erinnerungsarbeit steht dem Judentum und dem Christentum unausweichlich ins Haus. Der Ruf nach entscheidenden Paradigmenwechseln wird nicht zufällig gleichermaßen von jüdischen ... wie christlichen (feministischen) Theologinnen erhoben.«[54]

---

53. Othmar Keel 2010, 172f.
54. Othmar Keel 2005, 26.

Eine Hypothek lastet schwer auf der notwendigen Rehabilitation des kanaanäischen Erbes: seine Vereinnahmung durch faschistische Ideologien. Wenn ich zum Beispiel im Internet über die heidnischen Wurzeln des Christentums recherchiere, stoße ich auf Abhandlungen, die den Respekt für jahreszeitliche Zyklen oder für die mütterliche Freude am Schenken an erschreckende Blut-und-Boden-Mythologien koppeln. Vor allem in Ländern, die eine antisemitische Vergangenheit aufzuarbeiten haben, werden deshalb Leute, die das Tabu des »Antikanaanismus«[55] zu brechen versuchen, mit guten Gründen misstrauisch beobachtet. Sogar wer sich, wie zum Beispiel Gerda Weiler im Nachwort zur zweiten Auflage ihres Buches über das verborgene Matriarchat im Alten Testament,[56] ausdrücklich für Äußerungen entschuldigt, die als antijudaistisch aufgefasst werden könnten, hat es schwer. Vorerst hat die heilsame Debatte über den systematischen Antijudaismus des Christentums zu neuen Spaltungen geführt, etwa zwischen »Feministischer Befreiungstheologie« auf der einen, Matriarchatsforschung und »Ökofeminismus« auf der anderen Seite. Umso wichtiger ist es, die anstehende Erinnerungsarbeit, die auch die frühesten unheilvollen Abgrenzungen umfasst, mit der notwendigen Sorgfalt voranzutreiben.

Ich beginne gemächlich, indem ich den Ostereiern auf den Spazierwegen meiner Kindheit Ehre erweise und die Erinnerung an sie nicht länger aus den Gottesdiensten verbanne, die staunend das Wunder der Auferstehung Christi besingen. Meine Freundin, die sich für Astrologie und esoterische Lehren begeistert, will ich nicht mehr belächeln, sondern befragen. Und dem Pfarrer, der mich tadelt, weil ich am Sonntagmorgen im Wald spazieren gegangen bin, werde ich sagen, dass ich vorhabe, abends am Taizégebet im Nachbardorf teilzunehmen.

---

55. Ebd. 11.
56. Gerda Weiler 1989.